ちゃんと集中できる子の脳は10歳までに決まる

林 成之

PHP

はじめに

集中力を高めると素晴らしいパフォーマンスにつながります。勉強であれば思った以上にはかどり、スポーツであれば劇的な勝ち方ができます。

「子どもを集中力のある子にしたい」と皆さんが思っているのも、それがあればもっと勉強のできる子になる、いろいろな場面で頑張って結果が出せる子になる、ひいては大人になったとき社会で活躍できるし、幸せな人生を自らつくり出せる人になるだろう――と考えているからではないでしょうか？

集中力が素晴らしい才能発揮の原動力になることは言うまでもありません。

しかし「集中力」とひと口に言ってはいるものの、それがどのようなメカニズムで生み出されるのか、集中力とは一体何かについては、知らない人のほうがほとんどです。

私はこれまで、オリンピック選手や若手のオリンピック候補選手に向けて、勝負脳を鍛えるための脳科学的な戦略を紹介してきました。その結果、実力を伸ばすだけではなく、試合にも強くなってたくさんの選手がメダルを獲得しました。

戦略の中には、集中力を発揮する方法も含まれています。そこでは選手たちからいろいろな質問を受けました。

また、アスリートだけではなく、普通の学生や受験生たちからも集中力に関する問いが数多く寄せられてきます。

「集中力を高める訓練法はあるのですか？」

「緊張と集中力を高めることは違うのですか？　緊張を集中力に変えられますか？」

「試験会場に入ると、みんな頭がよさそうに見えてイマイチ集中できなくなります。どうしたら集中できますか？」

「お母さんから勉強しなさい！　と言われると集中して勉強できません。どうしてですか？」

「勉強したほうがいいとわかっていても、どうしても集中する気力が上がってこない場合はどうしたらいいですか？」

「苦手な科目ほど集中できないのはどうしてですか？」
「勉強する場所が変わると集中できません。どうしたらよいか教えてください！」

これらは、親である皆さんも知りたいことではないでしょうか。

この本は、皆さんが知りたいさまざまな質問にお答えしていくと同時に、お子さんを集中力のある子にしていくための方法について書きました。

集中力とは何か、脳のどんなメカニズムが関係しているのかといった集中力の正体について、それから集中力のある子にするにはどんな育て方が大切か、親として育んでやりたい集中力の素とは一体何かについて、脳科学の側面から理解していくことで、「うちの子は集中力がなくて……」という悩みにお応えできるのではないかと思っています。

「集中力」をどのように発揮するかはとても大切なテーマです。しかし集中力の正体がわからなければ、本当の意味で集中力をつけていくことも、ここぞというときに存分に発揮することもできません。

人間の気持ちに深く関わる「集中力」については、実はこれまで脳科学的なアプローチで述べられてきたことはありません。

本書の新しい試みが、子どもの隠れた才能を伸ばし、お子さんたちの人生を豊かにすることに少しでも貢献できればうれしく思います。

林　成之

ちゃんと集中できる子の脳は10歳までに決まる　もくじ

第1章…集中力とはなにか？

第2章…10歳までの育て方で集中力のつき方は変わる

第3章…「よい習慣」が集中力の素を育んでいく！

第4章…集中力が発揮できる子にする方法

第5章…緊張したときでも集中力を落とさないワザ

序 章

子どもの脳は
10歳までが成長期

子どもの脳の発達には三つの段階がある

皆さんは、子どもの脳と大人の脳の決定的な違いをご存知でしょうか？

それは何かといえば、子どもの脳がまだ「発達途上」にあるという点です。

子どもに集中力をつけさせたい、集中力が発揮できる子にしたいという場合、脳の発達がどう進んでいくのかを知っているのといないのとでは、集中力を育むための子どもとの関わり方に違いが出てきます。

したがって最初に、〇歳からの脳がどのような段階を経て成長・発達していくかについて、全体像をつかんでおきましょう。


子どもの脳は三つの段階を経て成長・発達していきます。

育ちのスタートは、脳神経細胞の増加から始まります。

脳の神経細胞は、ちょっと特殊な構造をしています。本体である「細胞体」からは、「樹状突起」と呼ばれる細かく枝分かれした短い突起がいくつも出ており、さら

図解A　神経細胞の構造

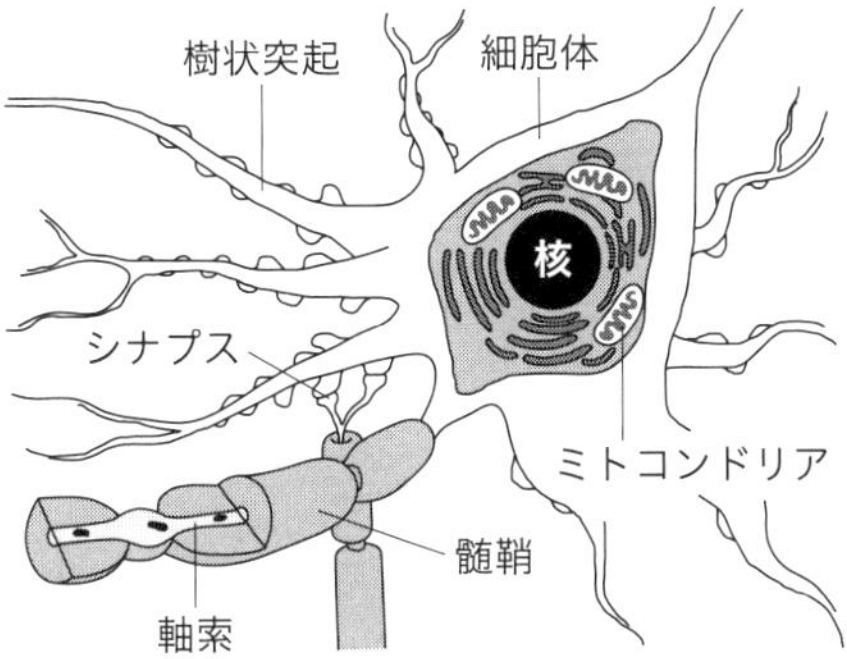

に「軸索」と呼ばれる尻尾のようなものが一本長く伸びています。

このような形をしているのは、さまざまな情報を細胞間で電気信号としてやり取りするためです。「樹状突起」は、他の神経細胞からの情報を受け取る「入力アンテナ」のようなもの、「軸索」は他の細胞に情報を伝達するための「出力装置」のようなものと考えていただくとよいでしょう。

この脳神経細胞は、ある時期まで爆発的に増加し続けます。すなわち、脳がどんどん大きくなっている状態です。そして数が最大数にまで達すると、せっかく増やしたにも関わらず、今度はゆるやかに減少していきます。

ここで何が起こっているかというと、細胞の「間引き」です。この時期、じゃまで不要な細胞はどんどん間引かれて死んでいきます。残す細胞と、そうではない細胞が選《え》り分けられていくわけですね。

このようにして細胞が選り分けられていく一方で、子どもの脳の中では「情報伝達回路」がつくられ、発達していきます。細胞と細胞同士がつながり合い、複雑で巨大な情報ネットワーク網をつくり出していくわけです。どうして、このような現象を起こすかというと、そこに、頭をよくする素質をつくる脳の秘策があるのです。

脳の細胞は、新しい情報、なかでも気持ちのこもった情報に対して、強く反応するので、脳細胞の集まりである脳組織も優れた機能をもつようになります。

つまり、「気持ちのこもった対話をすることによって、頭のいい子・集中力の高い子になる素質が育ってくるのです」。これに対して、対話も少なく、反応の悪い習慣で育った細胞は残しておくと、頭が悪くなるので、遺伝子のプログラムで排除する。これが間引きです。

この間引きをしっかりやってくれると、皆、頭のよい子に育つのですが、残念ながら脳はそこまで責任をとらないで、少しぐらい、悪い素質をもったままでも、細胞のネットワーク化が進みます。これが、頭の良し悪しは生まれつきの素質で決まると誤解されている本体なのです。

このような素質づくりと共に「情報伝達回路」をつくる作業がおおかた終わったところで、子どもの脳はようやく大人の脳と同じように完成するのです。

三歳・七歳・一〇歳が節目

では、子どもの脳が大人の脳として完成するまでの発達段階を、年齢に置き換えてみましょう。

・脳神経細胞がどんどん増え続けていく時期が〇～三歳
・脳神経細胞の「間引き現象」が起こる時期が四～七歳
・「情報伝達回路の機能」が発達していく時期が八～一〇歳

このようになります。育脳は一〇歳までが大事だとよく言われるのは、こうした相関関係があるからです。

ところが「育脳は一〇歳までが大事」と知った親御さんの多くは、子どもの脳を育てようとして間違ったアプローチをしてしまいがちです。「よい脳に育てるには、早くから早期教育や育脳トレーニングのようなことをしたほうがよい」と考えてしまうのですね。

確かに、生まれたての赤ちゃんの脳細胞はどの子も同じ。成長のスタートラインは

図解B　脳発達プロセスのグラフ

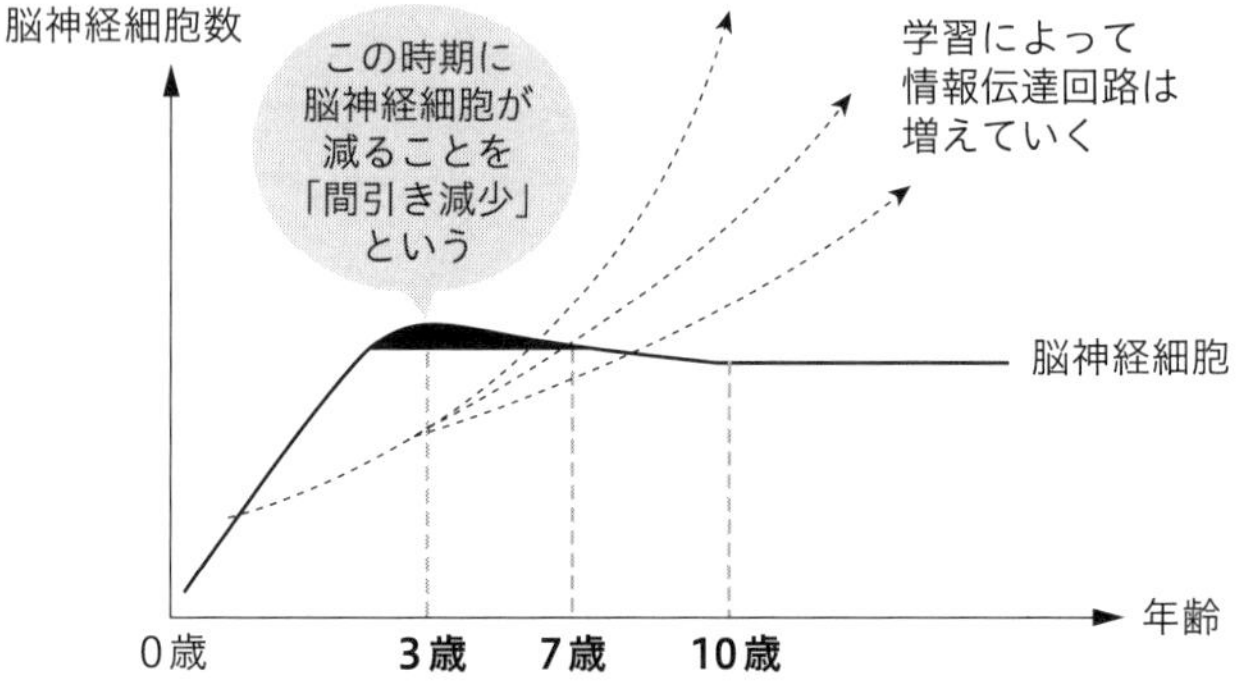

一緒です。その先どのような脳になっていくかは、外部からどんな刺激が加わるかで変わっていきます。

しかし、だからといって〇歳のときから育脳トレーニングや早期教育を始めたほうが「よい脳」に育つかというと、決してそうではありません。その前に、気持ちのこもった楽しい会話、こころから気持ちが伝わる会話を、繰り返し、繰り返し行なうことによって、集中力や才能発揮の素質を育てるほうが、理にかなった、効果的な子どもの育て方になるのです。

「よい脳」を育てるには、三歳まで、七歳まで、一〇歳までの三つの段階で子育てのアプローチを変えていかなくてはなりません。

「脳神経細胞がどんどん増え続けていく〇～三歳の時期」「脳神経細胞の間引き現象が起こる四～七歳の時期」「〝情報伝達回路の機能〟が発達していく八～一〇

歳の時期」、それぞれの時期には、それぞれの時期に必要な発達のテーマがあります。それに合わせて子どもの育て方も変わります。

言い換えれば、それぞれの時期に合わせた育脳こそが子どもの脳の成長を促し、大きな才能を発揮できる脳にしていきます。また、それが「集中力」の源をつくっていくことにもつながるのです。

育脳に「手遅れ」はありません

加えて、脳の成長において親御さんが勘違いしがちな点が二つあります。

ひとつは「うちの子はもう一〇歳。それまで脳の成長に大切な育て方をしてこなかったから手遅れなの!?」と思ってしまうこと、もうひとつは「うちの子は何をやらせても遅い。きっと脳がちゃんと育っていないんだ」などと考えてしまうことです。

この二つは明らかなる誤解です。脳には、その時期ならではの、育脳のやり方がありますが、一方で、いくつになっても鍛えることができます。

脳の仕組みを知り、脳が機能するにはどのようなことが子育てにおいて重要かを知り、それを実践していくことで、年齢問わず脳を鍛えていくことはできるのです。ですから手遅れはありません。

また発達途上にある子どもの脳は未熟です。でも未熟だからこそ柔軟です。発達のスピードもその子によって違います。

成長のスタートラインは同じでも、その後は一定のスピードで育っていくわけではなく、ゆっくりだったり、グングンだったり、子どもによって違いがあります。

今は成長が遅かったとしても、だから脳が育っていないわけではないのです。

小さいときはグズグズしていても大人になったら変わる子はたくさんいますし、脳の発達を妨げずに育ててやることで、成長した後にものすごい才能を発揮するようになる子もいっぱいいます。

むしろ親御さんが心配したり焦ったりするあまり、「あれをしなさい、これをしなさい」といろいろ口出しをしたり、「勉強しなさい」「早くしなさい」と命令したり、「それじゃ無理」「そんなんじゃ失敗するわよ」と否定したりすることのほうが子どもの脳の成長を妨げます。それだけでなく、こうした関わり方をすればするほど、子どもは集中力のある子になっていかないのです。

脳の成長発達に合わせて集中力の素地をつくっていこう

育脳に手遅れはないと言われてもまだ心配な方に向けて、私が知っている二人のお子さんの事例を紹介しましょう。

ひとりはナオコちゃん（仮名）という小学校二年生の女の子です。

ナオコちゃんは小さいときから成長がゆっくりでした。幼児になってからも、歩くのは遅いし、食べるのも遅いし、何をするにもスローペースで、園の友だちがご飯を食べ終えて外に遊びに出ているのに、ひとりだけまだ食べているような子でした。

家でご飯を食べるときも、食べるそばからボロボロ食事を下にこぼしてしまう。あまりにも育ちが遅いので、発達そのものに障がいなどの問題があるのではないかと周りから心配されていたほどです。

ところが小学校に上がると急激に成長し始めました。

動きが素早くなり、体育の成績は最高点です。またオセロをやらせると大人にも負けません。これは空間を認識する能力、先を読む能力といった「空間認知能」が大きく育った証《あか》しです。

学校に上がって初めての運動会では、このようなこともありました。

球割りをやったときに球を二個投げたところでクス玉を指さし、「これ割れない」「テープの数がおかしい」と言い出したのです。先生が慌てて確認したところ、テープの数が他のクス玉より多くて割れにくくなっていることがわかりました。これにはご両親も驚いたそうです。

「空間認知能」が育って集中力がつき、それが小さな差異をすぐに見つけ出す鋭い発見力にもつながっているのです。

ナオコちゃんのような子は、普通であれば「グズグズしていてダメな子」というレッテルを貼られ、親からも周りの大人からもそのように接してこられることが多いと思います。

しかし、ご両親も幼稚園の先生も、そのようなレッテルは一切貼らず、子どもの間合いを大事に接してきました。ナオコちゃんがご飯を食べ始めると、お母さんはこぼれても大丈夫なようにサッとマットを床に敷いていたそうです。

「早くしなさい」「まだ食べてるの?」「こぼさずご飯を食べなさい」といったこと

も決して言わず、子どものペースを尊重してきたと言います。

大人の間合いでなく、子どもの間合いを尊重して育てられてきたことで、ナオコちゃんの脳はゆっくりながらも「よい脳」として育ち、素晴らしい才能を発揮し始めたといえるのです。


ふたり目は、カズキくん（仮名）という小学校三年生の男の子です。

この子は、「勉強する」と言ってから机に座るまで一時間、そこからまたマンガを読んだり、ゲームをしたりとグズグズやって、ノートを開くまで一時間。それでようやく勉強を始めるものの、すぐに飽きてしまうといったタイプでした。

当然のことながら、その間はずっと業を煮やしたお母さんから「いつまでグズグズしてるの！　ご飯食べさせないよ」「早く勉強やりなさい！」と小言を言われっぱなしです。多くのご家庭で、よく見られる光景でしょう。

脳の発達段階からすると、九歳のカズキくんの脳は「情報伝達回路の機能」が発達していく時期にあたります。この時期は、自ら「やりたい」と思い、それを成し遂げて喜びを感じることで、ネットワークがぐんぐん広がっていきます。すなわち「やる気」と「成し遂げた喜び」こそが、脳を成長させていくエネルギーとなるわけです。

そこでお母さんから「早く!」や「勉強やりなさい!」と言われることは、子どものやる気を奪います。そのため「わかっているけれどやりたくない」気持ちを生んで、いつまで経《た》っても勉強に集中しないという現象につながっていきます。

カズキくんはまさにその典型でした。やる気にならないため成し遂げた喜びも味わえず、それがまたやる気に結びついていかないというループ状態を生んでいたのです。

どんなにお尻を叩《たた》いても子どもの様子が変わらないことに、お母さんは半ばあきらめ気味でしたが、私はあることをお願いして実践してもらいました。

「これなら絶対に全部解ける」という、小学校一年生レベルの非常にやさしい問題を五問ほどお母さん自身につくってもらったのです。

さらに問題をつくり終えたら、「はい、やりなさい」ではなく、「お母さんはがんばったから次はあなたの番よ。はい、スイッチオン」と言って、ポンと子どもの背中を叩いてもらいました。

お母さんが問題をつくっている間もあちこちに気がいっていたカズキくんでした

が、ポンと叩かれると「ハッ」とした様子で問題を解き始めました。「じゃあ次は算数の問題。はい、スイッチオン」といった調子で次々と背中ポンをされていくうちに、いつの間にかひとりで勉強に集中し始めたのです。

カズキくんが変貌した種明かしをすれば、お母さんが一生懸命問題づくりに取り組むことで、その姿がカズキくんの脳を刺激し、「同期発火」と呼ばれる脳の仕組みが機能し出したこと、誰でもわかるような問題を解くことで「成功体験」がもてたことにあります。

要するに、お母さんが〝勉強〟に取り組む姿がカズキくんに移って、さらには問題が解けた「成功体験」がカズキくんのやる気に火をつけたわけです。

このように「うちの子は何を言っても変わらない」「もう手遅れ」と感じていたとしても、脳の仕組みや脳の成長発達に沿った関わり方をすることで、子どもは変わっていきます。

この本を手にとってくださったということは、皆さんが子どもに対して「集中して勉強やスポーツに取り組んでほしい」「ここぞというとき集中力を発揮できる子になってほしい」との思いをもたれているからでしょう。

もちろん、それは可能ですし、いつから始めても手遅れはありません。

けれども、それには親御さんたちにも一緒に変わってもらうことも大事です。

日頃、「グズグズしてないで早くやりなさい！」「もっと勉強に集中しなさい！」「最後まで気を抜かずにやらなきゃダメじゃないの！」などの言葉かけが多くなっていないでしょうか。

まずはそこから見直してみてください。

〝教育〟よりも、「共に育つ」＝〝共育〟を大事にして子どもの脳を育てていくことで、集中力の素地もつくられます。

素地がしっかり育った子は、さらにその先も素晴らしい集中力と素晴らしい才能を発揮できる子になっていきます。

第1章

集中力とはなにか？

一〇〇点の集中力と五〇点の集中力の違い

集中力が続かないのはなぜ？

「集中しなさい」や「集中してやりなさい」という言葉は日常的によく使われます。しかし改めて「集中力とは何ですか？」と聞かれると、意外と答えるのはむずかしいものです。そう尋ねるとぐっと詰まってしまい、「それは集中することです」といった禅問答のような答えを返してくる方も少なくありません。

それぐらい、わかっているようで、わかっていないのが集中力なのです。

なかには「気持ちを込めて一生懸命やること」「そこに意識をしっかり向けて、気持ちを込めて取り組むこと」と答える人もいるでしょう。それは間違いではありません。だからスポーツの場や勉強の場面などでは、「気持ちを込めて集中しなさい」という言い方もよく聞かれます。

ところが、そう言われて「よし！　集中してやろう！」と思っても、なかなか集中力は上がっていかないし、途中で気持ちが散漫になっていってしまうことは往々にして起こります。

皆さんも、わが身を振り返ってみて、あるいは子どもの様子を思い浮かべてみて思い当たる節があることでしょう。

ではなぜ、そんなふうに集中が続かなかったり、集中力が上がっていかなかったりするのでしょうか。

理由は、集中のレベルが低いことにあります。

そう聞いて、「えっ、集中力にランクがあるの!?」と驚かれた方もいるかもしれませんね。そうです。実はあるのです。

最後まで全力投球できますか？

集中力は、才能を発揮するうえでなくてはならない力です。集中力がなければ、勉強でもスポーツでも成果を出すことはできませんし、受験や試合などの本番勝負で力を発揮して結果を出すこともむずかしくなります。

しかし通常多くの人が「集中力」と呼んでいるものは、ランクでいうと五〇点のレベルです。

たとえば「集中しろ！」と言われ、「はい、集中します」と答えて、最後まで一心不乱にそれをやり遂げる、全力投球し続けられる人はどのくらいいるでしょうか？

大概は、「これぐらいまでがんばったからいいだろう」と途中で力を抜いてしまうことのほうが多いのではないでしょうか。

最後まで「やってやる！」という気持ちをもち続けて、損得を考えずに全力投球できることが一〇〇点の集中力とすると、そうした高い集中力の持ち主はごくごく限られてきます。

多くの人の集中力は五〇点レベル

残念ながら大半の人は、集中しているつもりでも一〇〇点の力が発揮されていない五〇点レベルの状態です。「集中が続かない」「集中力が上がっていかない」のも、そこに理由があります。

しかしながら、今は五〇点のレベルでも、一〇〇点レベルの集中力が発揮できるようにしていくことは可能です。ですから、今現在の集中力のレベルが低いからといってがっかりする必要はありません。

また、「うちの子は一〇〇点の集中力を発揮できるようになるのかしら」と心配することもないのです。序章でも触れたように、子どもの場合はとくに、脳をしっかり育てていくことで一〇〇点の集中力が発揮できる人にしていくことができるからです。

集中力とは「気持ち」の力

集中力の原動力は「気持ち」

ところで「集中力とは何ですか？」という質問ですが、最後まで「やってやる！」という気持ちをもち続けて、損得を考えずに全力投球できることが一〇〇点の集中力とすると、その答えはシンプルです。

「集中力」とは、「気持ちの力」にほかなりません。

たとえば、「好きだ！」と思えたことに対しては一心不乱に集中して取り組むことができますが、「つまらない」「わからない」と感じたことは、集中しようとがんばっても集中が続きません。

「もういいか」と思ってしまうと、そこで集中は途切れるものですし、「こんなの無理」と思ったものは集中力を発揮する以前にあきらめてしまいます。

そう考えると、集中力はまさに気持ちの力であることがわかります。集中力の原動力は何かといったら、「気持ち」なのです。

ですから集中力がすごい人は、そこにすごい気持ちが入っているものです。

たとえば王貞治さんが、どうしてあれだけの本数のホームランを打てたのか。それは、普通の人には考えられないようなものすごい気持ちを込めてボールを打っていたからです。

王さんは「打つときは、ボールは捕まえて打つんだ」と表現されていました。ボールが来るのを待つのではなく、自ら「ボールを捕まえにいく」という気持ちでバッターボックスに立っていたのです。

一流選手は「勝負脳の集中力」をもっている

プロ野球のバッターは、一六〇キロという豪速球でも打ち返すことができます。普通の人は、彼らが投げられた球を見てバットを振っていると思っていますが、実は違います。

ピッチャープレートからバッターボックスまでの距離と、神経反射のスピードを考えた場合、球速一四七キロを超えると、投げられたボールを見てから打ったのではバットの振りが間に合わず、打ち返すことはできません。

ところが時速一四七キロどころか、一六〇キロの球速でも打ててしまうのは、ピッチャーが振りかぶったときから、どういう球が飛んでくるか、どこに球が飛んでくるかをすでにイメージして構えているからなのです。

プロの選手たちは、投げるときの動作で「ここに球が飛んでくる」という軌道をイメージし、その飛跡を狙って構えているから振り遅れず、打つことができます。

しかも王さんは、ただ打つだけではなく、ホームランにまでもっていくことができました。それには、飛跡を狙うときの気持ちに加えて、「ボールを捕まえて打つんだ」という強い気持ちもそこに入っていたからなのです。その二つの気持ちが合わさってすごい力を発揮し、驚くほどの集中力につながっていたのですね。

私はそれを「勝負脳の集中力」と呼んでいます。勝負のときに必ず勝つ〝超一流の集中力〟です。王さんはそのレベルまで到達していたのです。

〝超一流の集中力〟は、一〇〇点の集中力を超える、まさに「本物の集中力」といってよいものです。

そこまでのレベルでなくてよいものの、一〇〇点に近い高い集中力を発揮できるようにするには、原動力となる「気持ち」の力をいかに落とさないかが鍵となります。そのためには脳のもつ力がとても大切になってきます。

そこで、集中力をつけることと脳のもつ力との関係を理解していただくため、まずは先に脳のメカニズムについて説明しておきましょう。

まずは「脳の仕組み」を知ることから

外からの情報は脳の六つの場所を通っていく

最初は「脳が機能する仕組み」についてです。

五感を通して外から入ってきた情報は、脳のいろいろな部位を経由して処理されていきます。そして、その過程で「理解する」「判断する」「考える」「記憶する」といった脳ならではの働きや、「感情」「こころ」「気持ち」といったものが生まれていきます。

取り込まれた情報は脳の六つの部位を経由していきますが、その順番はこのようになっています。

①「大脳皮質神経細胞」→②「A10神経群」→③「前頭前野」→④「自己報酬神経

図解C　脳内の情報ルート

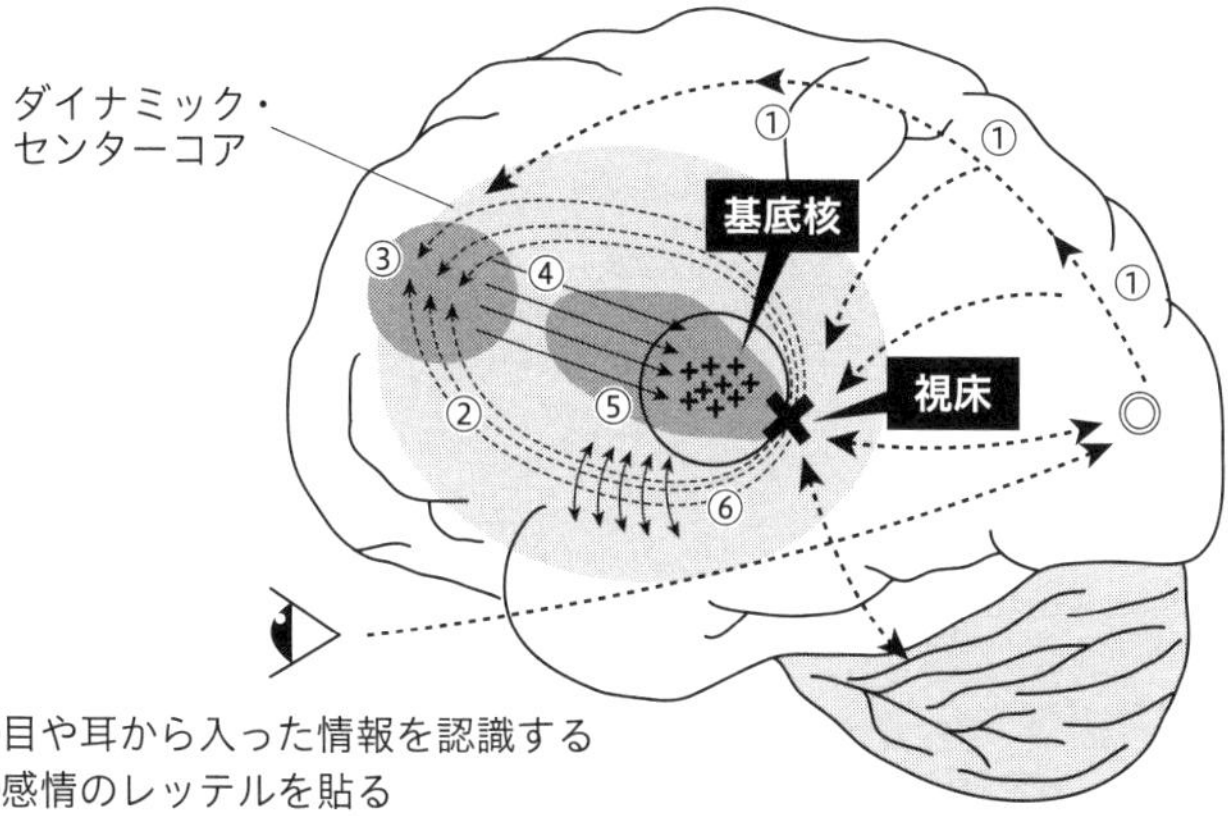

①目や耳から入った情報を認識する
②感情のレッテルを貼る
③情報を理解・判断する
④「自分で達成したい」という気持ちを生む
⑤思考システム
⑥記憶システム

群」→⑤「線条体・基底核・視床」→⑥「海馬回・リンビック（大脳辺縁）」

むずかしい名称が並んで、気持ちが引いてしまいそうになっている方もいるかもしれませんね。でも脳のメカニズムを理解しておくことは、子どもの脳を育て、集中力のある子にしていくうえで大切なことですので、ちょっとがんばって読み進めてみてください。

六つの部位は、それぞれ外からの情報に対してこんなふうに働きかけています。

①「大脳皮質神経細胞」

大脳皮質とは、脳の表面に広がっている層のことです。ここには「言語中枢」「視覚中枢」「空間認知中枢」など、外から入ってきた情報を認識するためのさまざまな機能があります。

目や耳、皮膚といった五感から入ってきた情報は、まずここの神経細胞で認識されて、そのまま③の「前頭前野」へ運ばれるものと、脳の深い部分に運ばれて、次の「A10神経群」を経由してから③の「前頭前野」へ到達するものとに分かれます。

②「A10神経群」

ここには、好き・嫌いをつかさどる「側坐核《そくざかく》」、危機感の有無を見分ける「扁桃核《へんとうかく》」、おもしろい・つまらないなどの感動と関わる「尾状核」、意欲・やる気とつながる「視床下部」といった部分が集まっています。

「A10神経群」の役割は、情報に対して、いろいろな感情や気持ちをレッテルのように貼っていくことです。ここで「好き」「おもしろい」といったプラスの感情が貼られると、その後の脳の機能がとてもよく働くようになります。

反対に「嫌い」「つまらない」といったマイナス感情が貼られてしまうと、次の「前頭前野」で「忘れてもいい情報」として処理されてしまいます。

③「前頭前野」

ここは情報を理解したり、判断したりする部分です。いわゆる「理解力」「判断力」と呼ばれている力につながっているところと考えてください。

脳の中には、過去に学んだことや経験したことがすべて、「情報コード」という記号のかたちでストックされています。「前頭前野」は、そうしたコード情報と、新しく入ってきた情報とを照らし合わせて、「これは正しい」「これは間違っている」「似ているけれど、ちょっと違う」というように瞬時に判断し、識別していきます。

また前述したように、「A10神経群」でマイナス感情のレッテルを貼られた情報は、ここで「どうでもいい情報」「忘れてもいい情報」と判断されてしまいます。そのため理解も深まっていきませんし、「考えよう」「覚えよう」という脳の働きからも除外されてしまうのです。

④「自己報酬神経群」

②の「A10神経群」で「好き」「おもしろい」などのプラスのレッテルを貼られた情報は、③の「前頭前野」での理解や判断も進み、「自己報酬神経群」にまで運ばれ

てきます。

「自己報酬神経群」は「自分にごほうびを与えること」、それによって「うれしい気持ちを生み出すこと」を仕事にしています。わかりやすく言えば、「やる気」や「意欲」をつくり出している場所です。

脳にとってのごほうびとは、自分の力で達成した喜び、うれしい気持ちです。ですから〝自分から進んでそれをやり、成し遂げる〟ことが、「自己報酬神経群」の働きを活発にしてくれます。

また、「お、この情報はごほうびがもらえそうだぞ」と判断すると、自己報酬神経群は他の脳細胞たちに「しっかり働けよ！」とハッパをかけ出します。脳の中の扇動役的な存在で、ここがハッパをかけることで脳の細胞たちが「よし、わかった！」と働き出し、やる気や意欲が生まれてくるのです。

⑤「線条体・基底核・視床」
②の「A10神経群」、④の「自己報酬神経群」とつながっている部位で、言うなれば情報の「ターミナル駅」のようなものと考えてください。

どの情報を優先的に通すかを判断したり、情報が脳の中をループするときの中継役となったり、運動をつかさどる部分に情報を届けて姿勢や運動の調節を行なったりと、いろいろな役割を果たしています。

⑥「海馬回・リンビック（大脳辺縁）」

「海馬」は記憶と深い関わりのある場所ですから、何度か耳にしたことがあるのではないでしょうか？　この部位は、短期的な記憶を保管しておく保管庫のような役割をしています。

とはいえ、あくまで短期的な記憶ですから、使われなければしまい込まれたままとなり、忘れ去られていきます。一夜漬けのような勉強が、記憶としてしっかり定着しないことは皆さんも経験済みでしょう。

しっかりとした記憶として定着させるためには、何回も繰り返して学習したり、考えたり、実際に体験したりすることが重要です。

中核は「ダイナミック・センターコア」

このうち、②〜⑥までを、私は「ダイナミック・センターコア」と名付けました。なぜかというと、それぞれ異なる機能や役割をもった部位がひとつに連合して、とても複雑で高度な脳の働きを生み出している「脳の中核連合軍」だからです。

なかでも、子どもの脳を育てていくとき、集中力の源をつけていってやるときは、②「A10神経群」、③「前頭前野」、④「自己報酬神経群」の三つの機能に働きかけて子育てをしていくことが非常に大切になっていきます。

ここの特性を理解しておくと、脳を育てるために子育ての中でやってあげたいこと、しないほうがよいことが見えてくるようにもなります。

「脳の本能」から行動や思いが生まれている

脳にはもって生まれた本能がある

もうひとつ、育脳や集中力の源をつくるうえで忘れてはならないのが「脳のもつ本能」です。

脳には全部で七つの本能があります。

まず、脳に生まれながらにして備わっている本能が三つあります。それは「生きたい本能」「知りたい本能」「仲間になりたい（誰かの役に立ちたい）本能」です。

この三つの本能は、脳の神経細胞から生まれています。私たちが生命体として生きていくために必要な本能と考えていただくとよいでしょう。

生命体として生き抜くために「生きたい」があり、生きるのに必要な情報を取り込むために「知りたい」があり、周囲の細胞とつながって機能するために「仲間になりたい」があるわけですね。

細胞が生き抜くためにもっている先天的な本能ですから、私たちは無意識にこの本能に沿うようにして動いたり、考えたりしています。

家族や友だちや仲間と一緒にいたいと思うのも、学ぶことがおもしろいと思えるのも、誰かのためになるよう行動しようとするのも、安定した生活を欲するのも、脳の先天的な本能に基づいているといってよいのです。

後から生まれた本能もある

脳はさらに、脳細胞が集まって脳機能を発揮する脳組織となりますが、その働きを支える、後天的に生まれた本能もあります。

それが「自己保存の本能」「統一・一貫性を好む本能」「自我の本能」の三つです。

これらの後天的な本能は、前の項で説明した「脳の機能」を守るために生まれたものです。

「自己保存の本能」とは、そのものズバリ「自分を守ろうとする本能」をいいます。

先天的な本能の中の「生きたい本能」に根差していて、好き・嫌い、危ない・危なくない、おもしろい・つまらないなどを仕分ける「A10神経群」の働きの基盤となっています。

いつもガミガミ言っていると、子どもが聞く耳をもたなくなったり、小さなウソをつくようになったりするのは、この「自己保存の本能」が働いてしまっているからなのです。

次の「統一・一貫性を好む本能」とは、筋の通ったもの・バランスのいいものを好む、同じであること・そろっていること・一貫していることを好む本能です。情報を理解したり、判断したりする「前頭前野」の働きの基盤となっています。

環境が変わると気持ちが落ち着かなかったり、自分とまったく意見の違う人を疎ましく思ったりすることはないでしょうか。こうした感情は、いずれも、「統一・一貫性を好む本能」からはずれていることで起こっているのです。

三つ目の「自我の本能」とは、「自分はこうやりたい」という本能です。この本能は、自らやったことを成し遂げて喜びやうれしさを味わう「自己報酬神経群」の働きの基盤となっています。

小さな子が自分で服のボタンをはめたがる、靴を履きたがるなど、大人の目からするとまだまだむずかしいと感じることをやりたがるのは、「自我の本能」からきていること。ですから「まだ、あなたには無理よ」と言って親がやってしまうことは、「自我の本能」を抑えつけて、「自分でやれた！」といううれしさを奪ってしまうことになるのです。

本能のギャップを調整する「本能」

先天的な三つの本能と後天的な三つの本能、このほかに脳にはもうひとつ「違いを認め、共に生きたい」という「共生の本能」もあります。

この本能は、ダイナミック・センターコアから生まれています。

ダイナミック・センターコアは、いろいろな機能や役割をもった組織が集まって活動している場所です。異なる組織が、それぞれの差異を乗り越えて連合していくには、「違いを認めて、共に生きる」ことが大事になります。つまり、みんながひとつにまとまるために生まれてきた本能といっていいのです。

「共生の本能」があることで、もって生まれた三つの本能と、後から生まれた三つの本能とのギャップも調整することができます。

脳細胞に根差した先天的な本能は、無意識の部分で働くものですから、抗《あらが》うことも、意識的にコントロールすることもできません。しかし後天的な本能のほうは、環境や思いなどに作用されやすい側面があります。

しかも、ともすれば過剰に働いてしまいやすく、「生きたい」「知りたい」「仲間になりたい」の三つの本能とのギャップや矛盾を生んでしまうことがあるのです。

たとえば、「自己保存の本能」が過剰に働いてしまい、「自分さえよければいい」「他人のことなど気にしていたら自分が損する」といった気持ちで動いてしまうことは、「仲間になりたい」というもって生まれた本能に逆らうものです。

また「自分はこれまでずっとこのやり方でやってきた」「私のやり方が正しいんだ」という「統一・一貫性を好む本能」が過剰になると、新しいことを「知りたい本能」、相手と「仲間になりたい本能」と相容《あいい》れなくなります。

そうした矛盾やギャップは、心に迷いや悩みが生じる素となって、脳の機能もうまく働かなくなっていきます。

図解D　こころは7つの本能から生まれる

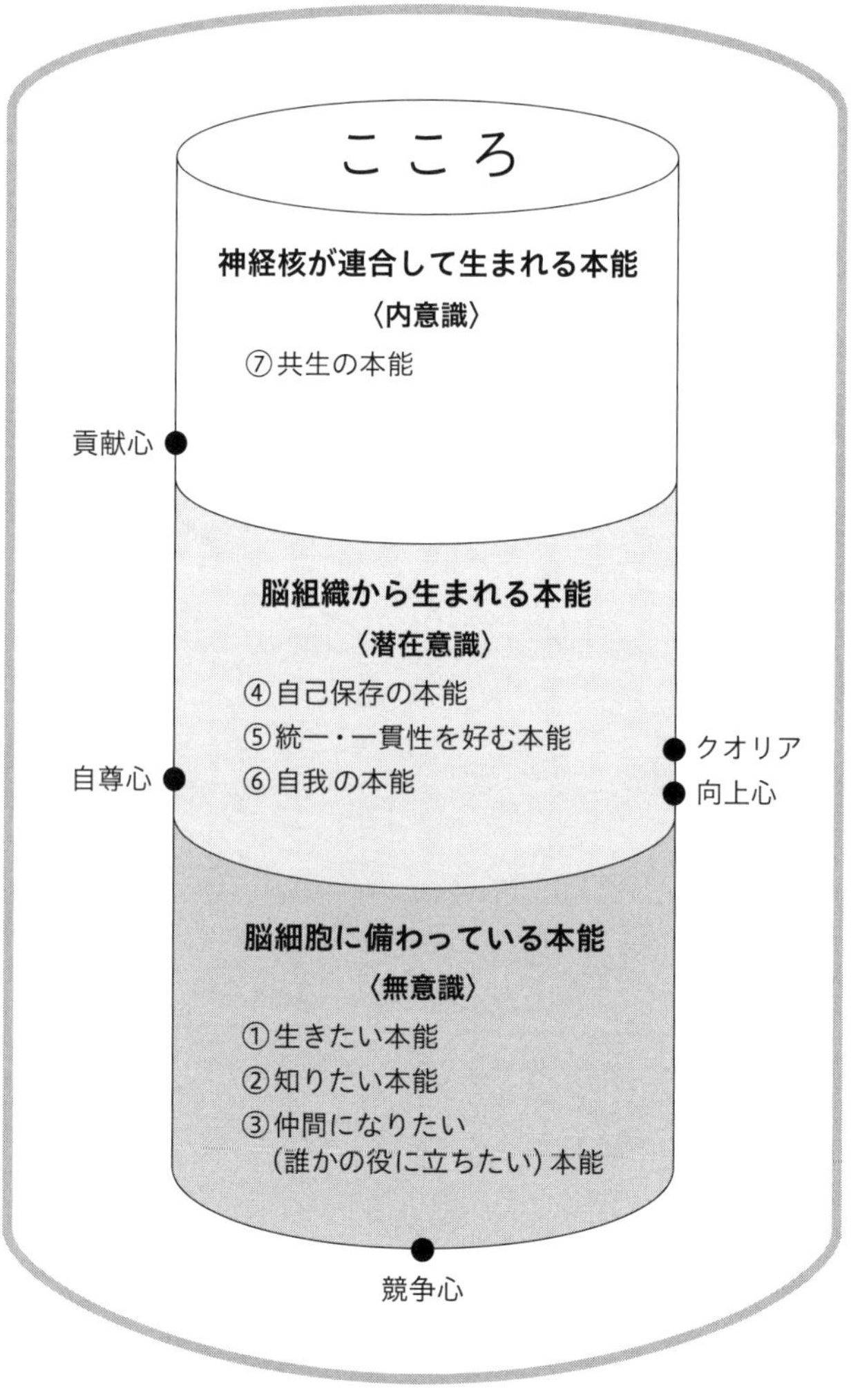

脳はポジティブな感情が好き！

脳は全体的に前向きでポジティブな感情が大好きです。ポジティブな気持ちが脳の本能を喜ばせて、脳の機能を活性化させるようになっています。

ですから、「自分はなんて勝手なんだろう」と思ってしまう、「友だちから嫌われているみたいで悲しい」と感じてしまう、あるいは本能が過剰な人に対して「あの人はなんて頑固なんだろう」「あの人は好きじゃない」といったネガティブな気持ちを抱いてしまう。このようなマイナス感情が生じると、パフォーマンスを一気に落としてしまうことになるのです。

それを解決していくために、矛盾やギャップが生じたとき「ちょっと待った。これって相手にとってどうなんだろう？」「みんなが幸せになれたほうがやっぱりうれしいよね」と思えるよう、脳は「違いを認めて、共に生きていきたい」という本能を用意しているのですね。

集中力の素になる四つの要素

能力は気持ちとくっついて動く

さて、「脳が機能する仕組み」と「脳の本能」について、基本的なことは理解していただけたでしょうか。

人間の能力はどれも、脳の本能を基盤として、気持ちと一体となって動く仕組みになっています。集中力も例外ではありません。

集中力とは「気持ちの力」と言いましたが、脳のもつ本能も、ダイナミック・センターコアの機能も、どれも「気持ち」とくっついています。

言葉を換えれば、「気持ちの力」である集中力の高い子にするには、常に前向きな気持ちがもてるような脳を育ててやることが一番ということなのです。「脳の本能」が喜ぶ子育てと言ってもよいでしょう。

そのために具体的にどうしたらよいかは次章以降に譲るとして、ここでは集中力を生み出すためにぜひとも覚えておいていただきたい「集中力の素」についてご紹介します。ポイントは四つあります。

①もって生まれた本能の力を借りる
②ダイナミック・センターコアの機能を生かす
③無意識に気持ちが緩む仕組みを取り除く
④能力を発揮する素質を鍛える

それぞれどういうことか説明していきましょう。

①もって生まれた本能の力を借りる

もって生まれた本能とは、前述した「生きたい」「知りたい」「仲間になりたい」の三つの本能です。これらは本能がそのまま「気持ち」でもありますし、そこから派生していろいろな「気持ち」も生まれてきます。

「これができなければ生きていけない」と思えば、集中力は自然に上がっていきますし、「頭がよくなりたい」と思えば集中して勉強に取り組むようにもなります。

「これって何か知りたい」という気持ちがあると、集中してとことんまで突き詰めていこうとするでしょう。友だちや仲間のため、チームのため、自分のためといった気持ちは、大きな集中力の発揮につながっていきます。

このように、先天的な本能の力を借りるというのが集中力を生み出すための一番目のポイントです。

本能の力を借りるには、「素直に頑張れる子」であることが大切な条件となってきます。

そのためには、本能が喜ぶことを素直にできる子、損得や優劣で物事を判断しないで、純粋に人のため・自分のために動ける子、このような子にしていける子育てを大切にしましょう。

②ダイナミック・センターコアの機能を生かす

脳機能の中核といえるダイナミック・センターコアは、前向きな気持ちによってイキイキと働くようになっており、また逆に、イキイキと動くことで前向きな気持ちが生まれていくという仕組みになっています。

この中でも「A10神経群」「前頭前野」「自己報酬神経群」の三つの機能は、集中力を発揮するときの原動力になる強い「気持ち」と深く関係しています。

「A10神経群」は、「好き」「おもしろい」「興味がある」という気持ちと関係し、「前頭前野」からは「わかった」「理解できた」という気持ちが生まれ、「自己報酬神経群」は「自分の力で成し遂げたい」という強力な気持ちを生み出します。

おもしろいと思ったら、「わかりたい」という気持ちが生まれて、わかると自分でやってみたくなる。そうやって取り組んだことは、親や先生が「集中しなさい」と言わなくても、最後まで集中してやり遂げることができます。

また、ダイナミック・センターコアでは、よりよい考えが生まれるよう、より考えを深めていけるよう、常に情報がぐるぐると回っていて、何回も「思考」が繰り返さ

図解E　頭がよくなる原理

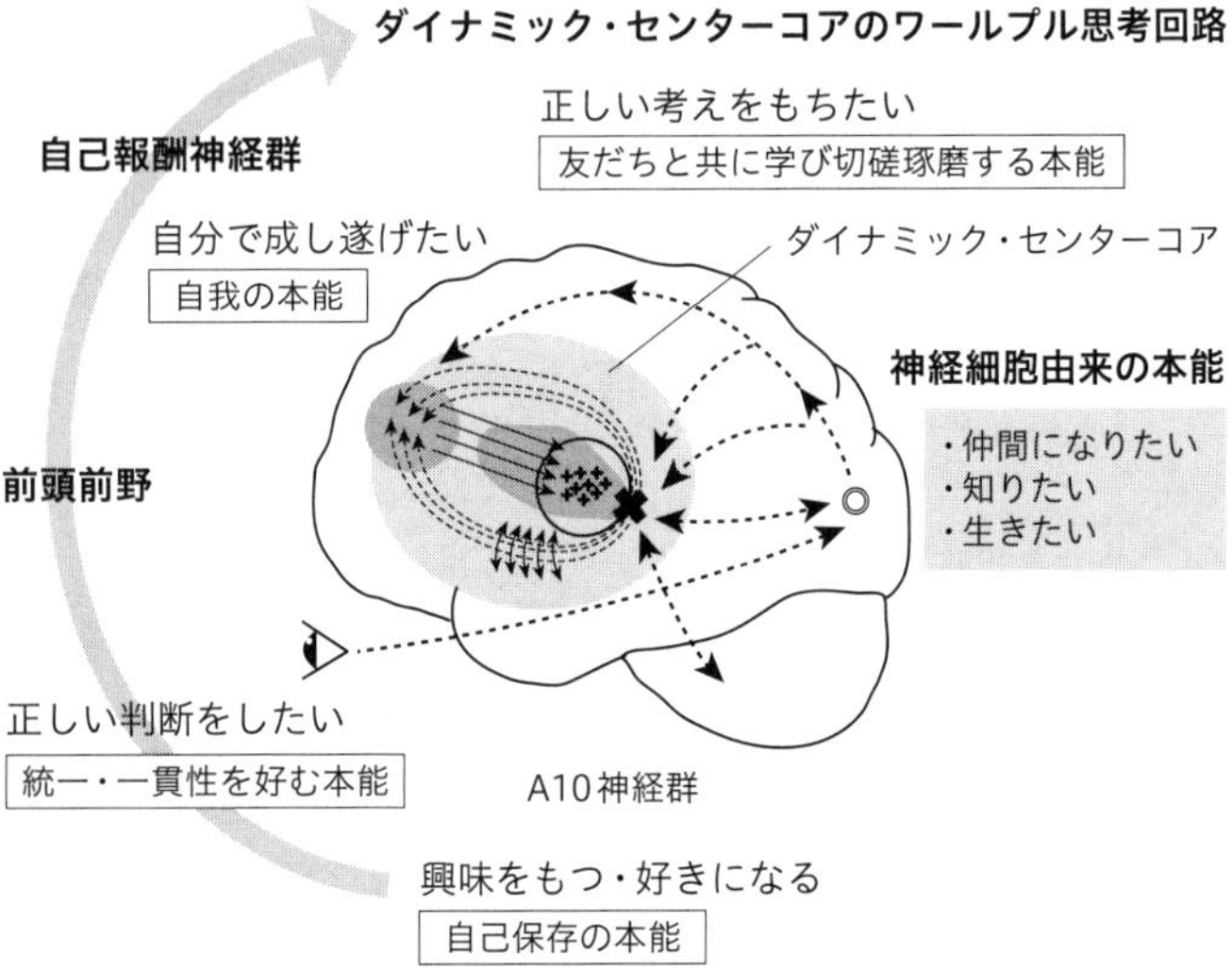

れています。わかったから自分でやってみたいと思うと、さらに「考えを深めたい」「より正しい考えをもちたい」という気持ちが生まれて、勉強にもスポーツにももっと集中できるようになるわけです。

また、四つの気持ちは、それぞれ脳の本能とも連動しています。

「好きになる・興味をもつ」は「自己保存の本能」、「理解したい・正しい判断をしたい」は「統一・一貫性を好む本能」、「自分の力で成し遂げたい」は「自我の本能」とつながっています。

ダイナミック・センターコアの「考える回路」から生じる「考えを深めたい・正し

い考えをもちたい」は、みんなと一緒にやりたいという「共生の本能」とつながっています。

ですから、ひとりでやるよりも、仲間や友だちと一緒に切磋琢磨《せっさたくま》しながら何かをやるほうが集中力は高まります。遊びでも、勉強でも、スポーツでも、誰かと一緒にやることは集中力をつけていくひとつの条件でもあるのです。

このように、ダイナミック・センターコアの機能から生まれる「好きになる・興味をもつ」「理解したい・正しい判断をしたい」「自分の力で成し遂げたい」「考えを深めたい・正しい考えをもちたい」の四つの気持ちを連携させてフル回転させること。これが集中力を生み出す二番目のポイントです。

とくに「自分の力で成し遂げたい」という、「自我の本能」由来の気持ちをもてる子にしていくことは、一〇〇点の集中力が発揮できる人になるための秘訣《ひけつ》といってよいでしょう。

「自分で成し遂げたい」気持ちが高い子は、使命感をもってやるべきことに取り組みます。だから全力投球でやることができます。全力投球でやれる力は、集中力の発揮という面で不可欠の力なのです。

世界で活躍するアスリートの中でも、本当に強い選手はどんなときも手を抜きません。ロンドンオリンピックの金メダリストである体操の内村航平選手は、練習も本番も常に内容が変わらないことで知られています。練習ではケガを避けるために調整程度に留《とど》めておくことが多いものですが、内村選手は本番も練習も関係なく、いつも全力投球です。

その彼がインタビューを受けていて「なぜ、そんなに体操が好きなのですか?」という質問に、こう答えていました。「体操をするのは、僕の使命だからですかね」。

それを聞いて、内村選手の強さの理由を改めて知る思いがしました。

「それが使命」と言えるぐらいの高い気持ちをもっていることは、本番でのすごい集中力につながっていくのです。

③無意識に気持ちが緩む仕組みを取り除く

集中力は気持ちの力ですから、集中力が途切れる、弱まるという現象は、気持ちが落ちていることの表れです。

しかも人間の中には、無意識のうちに集中力を落としてしまう仕組みがあります。無意識ですから、本人は自分が集中力を落としていることに自覚がありません。

たとえば野球の試合を観《み》ていて、それまで絶好調のピッチングでノーヒットノーランに抑えてきた投手が、ショートのエラーを境に、同じように強気に攻めているにも関わらず打たれ始めたりすることがあります。

観ているほうとしては、「さっきまでと変わらずいいピッチングをしているのに、なんで打たれるんだろう？」と不思議ですが、そこにはちゃんと理由があるのです。投手の気持ちが流れを変えてしまったのです。

ショートのエラーに「ああ、しまった」や「あいつのせいで」と思ったことで、無意識に気持ちが緩み、投手自身は自覚がないまま、集中力が途切れてしまった。これが試合の流れを変えることにつながってしまったわけです。

無意識の気の緩みは誰にでも起こります。とくに次の五つは、集中力の発揮には大敵です。

・「ああ、無理だ」「大変」「できない」など否定の言葉を口にする

・「もうこれでダメだ」と気落ちする
・「安全にいこう」と考えて安全策をとろうとする
・「あと△△で終わりだ」と残りを意識する
・「負けると困る」「相手が失敗してくれないかな」と思う

これをするとマイナスのほうに本能が働いて、気持ちが無意識に変化し、集中力が緩むという現象が起きるのです。

子どもの場合も、この五つがクセのようになっていると集中力の続かない子になってしまいます。ですからクセにしないことが大事になってきます。

集中力を発揮できる子にするには、無意識に集中力を緩めてしまう仕組みを取り除いていくことも大切なポイントと覚えておきましょう。

④能力を発揮する素質を鍛える

集中力が出せるか出せないか、集中力をもっているかいないかは、実は素質が大きく絡んでいます。素質をもっている子は、「集中しよう」とことさら意識しなくても、必要な場面で自然と集中力を発揮できます。

そう言うと「素質って生まれつきのものでしょう？　うちの子は無理だわ」とガックリくる方もいそうですが、早とちりしてはいけません。

集中力を発揮する素質は、生まれもったものではないのです。〇歳の赤ちゃんにものすごい集中力を発揮する子がいないことがその証拠です。

集中力を発揮する素質は、親や先生が育んだり、磨いたりしていくものです。集中力も「能力」のひとつなのですから、十分鍛えていくことができます。

しかも集中力をつけるための素質の磨き方は、脳の力を高めていくうえで必要なこととリンクしています。

集中力の正体を整理すると、「好きになる・興味をもつ」「理解したい・正しい判断をしたい」、「自分の力で成し遂げたい」「考えを深めたい・正しい考えをもちたい」の四つの気持ちをフル回転させて、脳のもつ力を存分に発揮していく仕組みです。

したがって集中力をつけていくことは、そのまま脳の力をつけていくことにもなり、集中力に限らないさまざまな才能の発揮にもつながっていくのです。

集中力を伸ばし続けていける子に

子ども自身も集中力のなさに悩んでいる？

ここまで、集中力とは一体何かについて、脳の仕組みへの理解を深めていただきながら説明してきました。

世の中の大人たちが「集中しなさい」「集中力がない」と口にしているものは、本当の意味での「集中力」ではないということもわかっていただけたのではないかと思います。

子どもたちに身につけさせてやりたい集中力とは、最後まで「やってやる！」という気持ちをもち続けて、損得を考えずに全力投球できる力です。

それには脳の本能や機能をベースとした「気持ち」の力が必要になります。

具体的には、

・「好きになる・興味をもつ」＋「自己保存の本能」
・「理解したい・正しい判断をしたい」＋「統一・一貫性を好む本能」
・「自分の力で成し遂げたい」＋「自我の本能」
・「考えを深めたい・正しい考えをもちたい」＋「共生の本能」
の四つの気持ちと四つの本能の合わせ技です。

その四つの「気持ち」の力を引き出すには、①もって生まれた本能の力を借りる、②ダイナミック・センターコアの機能を生かす、③無意識に気持ちが緩む仕組みを取り除く、④能力を発揮する素質を鍛える、の四つのポイントが大事になります。

そう考えていくと、集中力とはいろいろな力を結集しなければ高まってこないし、発揮することもできない、すごい才能なのです。


お母さんたちにとって、子どもに「集中力がない」というのは、子育てにおける数ある悩みの中でも上位にくるものではないでしょうか。でも集中力とは、育てていかなければ身についていかないものです。ですからお母さん次第なのです。

また、親以上に子どもたち自身も「自分に集中力がない」ということを悩んでいます。実際、知り合いの小学生の子に、「今、何か困っていることはある？」と尋ねたら、「うーん、集中力がないこと」という答えが返ってきました。それもさもありなんと感じます。

今の子どもたちは、成果主義の社会の中で育っています。成果主義では効率よく物事をやっていくほうが有利です。それが子どもたちの中にも染み込んでいて、「無駄なことはしない」「損するものはイヤだ」が通常の観念となっています。

それが当たり前となっていれば「これは損だ」と思ったことを進んでやる子はいません。

損得勘定で動くことが当たり前となっている今の子たちにとって、損得考えず素直に全力投球する力といってよい「集中力」の発揮はむずかしいことなのです。そのむずかしいことを「やりなさい」と言われても、「そんなのムリ」に決まっています。

だからこそ、子どもたち本人にとっても「集中力がない」ことは悩みのテーマのひとつとなっているのですね。

集中力がつかないのは、子どもたちが悪いのではなく、社会環境がそうなっているからです。そのことを理解しておかないと、お母さん基準で子どもを育ててしまい、

「なんでやらないの！」「最後までちゃんとやらなきゃダメでしょ！」が増えていってしまいます。

素質を育てることから始めよう

集中力は、脳の本能が大きく関わっています。本能の力を生かすということですから、無意識の領域の才能です。

したがって、口でいくら「集中しなさい」と言っても集中力は出てきません。親子共に抱えている集中力の悩みを解消していくには、素質のところから育ててやることが何よりも大事なのです。

その際は、「共に育つ」の気持ちを大切にしてください。「この子がいるから私も伸びていける」という考えをもって子どもと向き合っていくことで、集中力が生まれるチャンスを引き出してやれます。

素質が育っていけば「できるわけがないと思っていたのに、なんかできちゃった」も起こります。もちろん、途中で「やっぱり無理、できない」とならずに、「やってやろう！」という強い気持ちで最後まで頑張れる子にもなっていくでしょう。

　また、ぜひとも覚えておいていただきたいことは、集中力はいかようにもレベルアップしていけるということです。

　最初から一〇〇点満点の集中力である必要はないのです。

　今は三〇点でも、集中していろいろなことに取り組み続ける中で集中力のレベルを上げていき、一〇〇点の集中力を目指していく――で構わないと私は思います。やりながら駆け上がっていく。やりながら伸びていく。そのような集中力のつけ方も大事にしていってほしいと思います。

ワーク　集中力の素質チェック

あなたのお子さんの集中力を発揮する素質は、どのくらいまで育っているでしょうか？　ひとつの目安として「集中力の素質チェック」をやってみましょう。

この段階で点数があまり高くなかったとしても、決して気落ちしないでください。集中力はこれからつけていくことができます。お子さんとの関わり方をちょっと変えていくことで、集中力も脳の力も高まり、素晴らしい才能が発揮できる子にしていけますよ。

集中力の素質チェック

○：YES（0点）　△：ときどき（5点）　×：NO（10点）

①先生のことが好きじゃない	○	△	×
②大体できたところでやめてしまう	○	△	×
③「まあイイか」で終わりにする	○	△	×
④「ムリ」「むずかしそう」「できない」の否定語が多い	○	△	×
⑤「後でやるから」が多い	○	△	×
⑥自分の失敗や弱点を認めようとしない	○	△	×
⑦言われないとやらない	○	△	×
⑧「それ、おもしろいの？」「そんなにスゴクもないよ」など斜に構える	○	△	×
⑨「損するからやらない」など損得で動く	○	△	×
⑩何かを始めてもすぐに気が散る	○	△	×

判定結果

0～49点

ちょっと残念。集中力が育っていくように子どもとの接し方を変えていきましょう。

50～79点

もうひと頑張り！集中力を高める素質をもっと磨いてやりましょう。

80～100点

集中力がどんどんついていく土壌が育っています。

第2章

10歳までの育て方で集中力のつき方は変わる

集中力がつくとどんなよいことがある？

最後までやり切る力が身につく

気が散りやすくて、ひとつのことに集中できない。何事もいつも中途半端で終わってしまう。あるいは、何かに取り組んでいても途中で手を抜いていることがよくわかる——。このように気持ちが途切れて最後までやり切れないことで、勉強もスポーツも身についていかないというのは、集中力のついていない子によく見られるパターンです。

集中力をつけることの一番のよさは、こうした状況を脱していけるところにあるといえるでしょう。

集中力がついた子は、どんなことも最後までやり切る力がつきます。

自己報酬神経群の「成し遂げることで喜びやうれしさを味わう機能」が動き出し、

そのごほうびをモチベーションに、また一生懸命次のことに取り組んでいくという、よい循環が生まれてくるので達成能力がすごくついていくのです。

それによって勉強にもスポーツにも最後まで打ち込める子になって、才能を発揮するための潜在的な力を蓄えていけるようになります。

それだけではありません。最後までやり遂げる力は、大人になって社会に出てからも、結果を出す、認められる仕事をするという面で必要になってくるものです。

しかも、自己報酬神経群の機能がよく働く人になっていることで、進んで仕事に取り組み、そこからいろいろなことを吸収していける人にもなります。

ひとつのことに打ち込んで、最後までやり遂げる力がもてることは、人生を豊かにしていくことにもつながっていくのです。

本当の意味で本番に強くなる

集中力があると本番の勝負に強くなれるということは、皆さんもおわかりではないかと思います。

ただし、本当の集中力が身についていないと、本当の意味で本番の勝負に強くなることはできないのです。

「どういうこと？」と思われた方も多いことでしょう。

たとえば試験や大事な試合があるとき、調子が上がらなくて惨敗したという経験はないでしょうか。これは普段から全力投球する習慣がついていないことに、ひとつの原因があります。

「まあいいか。大体できた」が習慣になっていると、本番で力を発揮するときにムラが出てきてしまうのです。「自分は本番に強いから」と言って練習に身を入れないのでは、本物の集中力は発揮できないのですね。

本当に勝負強い人は、調子が上がらずに本番で惨敗することはありません。なぜなら普段から常に全力投球しているからです。

前章で登場した体操の内村航平選手しかり、それから水泳の北島康介選手もしかりです。彼らが本番で高いパフォーマンスを出し続けることができるのは、練習でも常に手を抜かず、全力投球で集中してのぞんでいるからなのです。

競泳やシンクロナイズド・スイミングなどで一流の域まで到達している選手たち

は、「本番のとき、水の中がキラキラしていて水と一体化して動いていました」と言います。環境と一体化できるほどのすごい集中力を発揮できるのも、ひとつには練習も本番も関係なく、全力を尽くしてやっているからといっていいでしょう。

集中力の素質を磨いていくと、いつも「全力投球できる力」がついていきます。すると試験や大事な試合、発表会などでも、環境や状況に左右されず力を発揮できるようになります。

さらにいいことに、本番を経験しながら、やるごとに集中力が上がっていくという現象が起こるのです。その場限りの集中力の発揮で終わらず、そこからさらに集中力を高めていける能力が備わるわけです。

周りから一目置かれる人になる

集中力がある子には、最後までやり切る力があり、成し遂げる力があります。

全員で何かをやるでも、チームで試合をするでもいいのですが、みんなで一緒にやっていて行き詰まったとき、ピンチに陥ったとき、仲間が「もうダメだ」と怯《ひる》んだようなとき、ひとりすごい力を発揮するのが集中力のある子です。みんなのピンチを救う救世主のようなものですから、仲間から一目置かれる存在になります。

それを積み重ねて、より集中力を磨いていけば、「あいつがいるとみんなの力が出る」と周りから言われるようなカリスマ性も生まれてくるでしょう。

「カリスマ」と聞くと、秀でた才能があって、人を惹《ひ》きつけるオーラがある人とイメージするかもしれません。私が考える「カリスマ」の条件は、口にしたことをどんな無理難題でも必ず成し遂げる人のことです。高い集中力の備わっている人は、それが可能です。

子どもの頃から集中力の素質を磨いていくと、ゆくゆくは誰からも「あの人がいれば大丈夫」と言われるカリスマ性のある人になっていく可能性が高いのです。

じっくり考えることができる人になる

無我の境地という言葉がありますが、この状態は深く集中している状態とも言い換えられます。何かに真剣に集中しているとき、周囲の音や景色や雑念も消えて、誰かから話しかけられても気づかないことがありますね。

この状態を「ゾーンに入る」と言います。ちなみに先ほどの「本番のとき、水の中がキラキラしていて水と一体化して動いていました」という一流選手の話も、実はこのゾーンに入った状態です。

ゾーンに入ったとき、脳の中で何が起こっているかというと、情報がダイナミック・センターコアの中をかけ巡って、深い思考状態をつくり出しています。すなわち考える力を思う存分発揮している状態です。

またダイナミック・センターコアでは、繰り返し考えるということも行なわれています。一回考えたことでも、「あれ、これってどういうことだろう?」「こう考えたけれど、本当にこれでいいのかな」と何度も考え直す機能があるのです。

したがって集中力が身についた子は、じっくり考える力がついていくと同時に、繰り返し考えて内容を高めていく思考力もついていくといっていいのです。

このように、集中力がつくことは子どもの能力や可能性を高め、大きな力の発揮にもつながっていきます。次からはその素地のつくり方について説明していきましょう。

集中力の素地をつくる一〇歳までの子育て

「気持ち」を込めてやれる子に

集中力は才能のひとつです。その才能を開かせていく絶対条件が「気持ちを込めてやる」こと。

「気持ちを込めてやる」とは、簡単に言えば「いい加減にやらない」「やってやる、やり遂げるの思いで向かう」ことです。これをできる子にしていくことは、集中力という才能を引き出す原点の原点です。

そのために大切なのが、序章で説明した「脳の発達段階」に合わせた子育てです。これを無視して、集中力だけつけていきたいと思っても、それはやはり無理な話と言わざるを得ません。

基盤となる脳の力が育っていることで、集中力の素地となる「興味をもつ」「おもしろいと感じる」「わかりたい」「正しい判断をしよう」「自分でやってやる」などの、さまざまな「気持ち」がもてるようになるのです。

その結果、勉強でもスポーツでも一〇〇パーセントの才能が発揮できる「文武両脳」が育ち、同時に集中力が発揮できる脳にもなっていきます。

では、そのためにはどのような育て方をしていくとよいのでしょうか。

ここでは、集中力の土台となる脳にしていくための素地の子育てを

・脳神経細胞がどんどん増え続けていく〇～三歳の時期
・脳神経細胞の「間引き現象」が起こる四～七歳の時期
・「情報伝達回路の機能」が発達していく八～一〇歳の時期

の段階ごとに説明していきましょう。

■三歳までは「本能」を育てることを一番に

〇〜三歳は、脳の「情報伝達回路」が形成される前の段階です。したがって、集中力を育みたいからと考えて、知識主体の早期教育を無理にやらせることは適切ではありません。

子どもが興味をもって、楽しそうにやっているのならまだよいのですが、そうではない限り、詰め込み教育のようなものはこの時期の脳に負担をかけてしまうことになります。

それよりも、脳細胞がどんどん増え続けている三歳までは、「生きたい」「知りたい」「仲間になりたい（誰かの役に立ちたい）」という、脳細胞がもともともっている「本能」を磨いていくことを大事にしましょう。

集中力の出発点は「興味をもつ」「おもしろいと感じる」「好きになる」「感動する」といった気持ちです。そうした気持ちが素直にもてる子にするためにも、脳の本能を生かして、人を好きになる、好奇心を育てる、探究心を育てるなどを子育ての軸にしてほしいと思います。

まずは親が十分に愛情を注いで、「生きたい」から生まれてくる「愛されたい、認められたい」という気持ちを満たしてやり、夢中になってやっていることや、興味津々でやりたがることは、危険が及ぶものでない限り、手出しを控えて気の済むまでやらせてあげてください。

お母さんと一緒に、あるいは同じ年頃の友だちと競争することを楽しみながら、新しいことに挑戦するのも、「知りたい」「仲間になりたい」本能を鍛えます。

「気持ちの伝わる脳」を育てる

そしてもうひとつ、この時期だからこそ大事にしてほしい重要なテーマがあります。

それは「気持ちの伝わる脳」を育んでいくことです。

相手の気持ちが伝わり、自分の気持ちも相手に伝わり、自分と相手の気持ちをひとつにする力を育てていくということです。

それができる脳になっていないと、お母さんがどんなに集中力を育てていこうとしても、子どもに伝わりません。また、遊びでも、勉強でも、スポーツでも、仲間や友だちと一緒にやることが集中力をつけていく大事な要素です。「気持ちの伝わる脳」でなければ、それもむずかしくなります。そのために不可欠な「同期発火」の力を、この時期にぜひ高めてやってほしいと思います。

「同期発火」とは、脳内で情報が伝わる仕組みのひとつです。

脳の神経細胞は、情報を一方通行で伝達しているわけではなく、情報を送ってくれた細胞に、また情報を送り返すという性質をもっています。

外から入ってきた情報に「これはおもしろい」「興味をもった」などのプラスのレッテルが貼られると、その情報は一斉に発火するようにして瞬く間に周囲の細胞に伝えられていきます。そうやって細胞同士が情報を共有し、考えをひとつにまとめ上げていくメカニズムを「同期発火」といいます。

この「同期発火」は、人と人との間にも起こります。

たとえば、嘆き悲しんでいる人を見ていて自分にも悲しみが伝わり、涙が流れてきたという経験はないでしょうか。これも脳が同期発火を起こしているからなのです。いわゆる以心伝心と呼ばれているものも同じです。

相手の悲しみを共有してしまうのは、その人の表情や涙や、身ぶり、話し方といった情報を受け取り、その人の脳内のダイナミック・センターコアで起こっているのと同じような働きが自分の脳の中でも起きるからなのです。

「気持ちの伝わる脳」とは、すなわち「同期発火」ができる脳ともいえます。

三歳までに、「同期発火」できる力をつけてやれるのはお母さんしかいません。

しかも子どもはお母さんが大好きです。「同期発火」は「好き」の気持ちが強いほど起こりやすくなります。

「あれはいけない」「これはダメ」は封印して、お母さんが目と目を合わせて体にタッチしながら、「そうなんだね」「わあ、それはすごいね」「うれしかったねえ」と気持ちを込めて子どもと会話することが、「同期発火」の力を育むスタートとなります。

■四～七歳は才能発揮の素質を育て始める

四～七歳は、不要な脳の神経細胞を間引いて、脳の「情報伝達回路」のベースをつくっていく重要な時期です。

間引きが行なわれるのは、「情報伝達回路の機能」を発達させていきやすくするため。不必要な細胞を抱えたままだと、ネットワーク網を十分に伸ばしていかれません。そこで脳は、残す細胞とそうではないものを選別しているのです。

この間は「脳の基礎づくり」にあたる時期です。才能や能力を発揮できる素質も、この時期からしっかり育んでいくことが大切です。

才能や能力を発揮できる素質は、集中力を高めていく素質にも影響してきますから、四〜七歳の間に素質育てを始めることは大変重要といえるでしょう。

とくに、次に控えている「情報伝達回路の機能」の発達がどうなっていくかは、この時期の過ごし方次第です。七歳以降は自主性が大きなテーマとなってきますので、その下準備も始めていきたいところです。

脳の神経細胞の機能は「統一・一貫性の法則」による環境によって変化します。このため、悪い習慣をやめて、脳細胞の機能が高まるよい習慣をお母さんが整えることが大切になります。

それを考えると、具体的にはこの時期の子育てのポイントのひとつが、「ああしなさい、こうしなさい」を極力言わないことです。三歳までは「こうしなさい」でよいのですが、四歳を過ぎたら「自分でやる」気持ちを大事にする子育てにシフトしていきましょう。

親としては早く育ってほしいと思うあまり、どうしても「ああしなさい、こうしなさい」や「それは損だよ。これが得だよ」を言いたくなるかもしれません。しかしそれでは、自主性のない子、損得でやってしまう子になっていってしまいます。

「自分でやってやる！」という気持ちが育たない、「損するからやらない」と思ってしまう――これが集中力の発揮からするとマイナスであることは、お伝えしてきた通りです。

高い集中力が発揮できるオリンピック選手は、誰もが親から「ああしろ、こうしろ」と言われず育ってきています。小さい頃から自主性を大事に育てられてくることは、やはり脳の高いパフォーマンスにつながっていくのですね。

「悪い習慣」をなくそう

それでなくとも今の子どもたちは、成果主義社会の中で育っていきます。損か得かで判断して自分の考えや行動を決めるということが習慣になってしまわないように、今のうちから「損しても大丈夫」と思えるようにしてやらなければなりません。

そこでは「悪い習慣」はなくすか改めていき、脳にとって「よい習慣」を意識して取り入れていくことが大事になります。ここが、この時期のもうひとつの子育てのポイントです。

どの細胞が残って、どの細胞が淘汰されていくかも、ひとえに間引きの時期に「どんな習慣の環境を整えるか」にかかっています。

大切にしてほしい習慣は次の第3章で具体的に紹介していきますが、「よい習慣」を身につけていくことで才能はどんどん伸びていきますし、高い集中力を発揮するための素質も育っていきます。

四～七歳で習慣づけを始めたら、それだけですごい子に育っていくはずです。

この時期の子の中心的な教育係はお母さんです。「教えて育てる」教育ではなく

「子どもと共に育つ」共育で、「親である自分も立派になろう」という気持ちと態度を大事に親子で成長を目指しましょう。それが集中力を高める素質をもった子にする一番の秘訣です。

■八～一〇歳の子育ては「自らやる」気持ちを育む

間引きが完了して、脳神経細胞が樹状突起を発達させていき、情報伝達回路をぐんぐんと進化させていくのがこの時期です。

脳内ネットワークが広がり、大人の脳に近づいていく時期ですので、親も子どもとの接し方を変えていかなければなりません。「ああしなさい、こうしなさい」は、この時期に入ったら禁句と覚えておきましょう。

また、七歳を過ぎる頃から、子どもの脳は「自分の力で達成した喜び」をごほうびとする自己報酬神経群が活発になります。「自分でやりたい」という「自我の本能」の働きで、「自分で考えたことを自分でやり遂げる」自主性の芽が、八～一〇歳の間にぐんぐん育っていきます。

「自分でやりたい」気持ちは赤ちゃんの頃にもありますが、それが「成し遂げたい」へとパワーアップして、自主性の完成期に入っていくのです。

「今やろうと思ったのに」は脳の拒否

ところが、現状多くは、子どもがこの年齢に入るほど親の指示・命令が多くなっていく傾向があります。「勉強しなさい」「こうしないとダメ」などの先回りやダメ出しを増やしてしまうのですね。

なかでも断トツに多くなるのが「勉強しなさい！」です。

根底には「子どものため」との親の思いがあるからですが、「自分でやりたい」という「自我の本能」が強くなってくるこの時期、先回りやダメ出しをされると子どもは反発を覚えます。

「勉強しなさい」と言うと、「今やろうと思ったのに」と口をとがらせて言い返し、かといって待っているといつまで経ってもやらない。皆さんのご家庭でも、こうした光景はよく見られるのではないでしょうか。

このときの子どもは、親に先に言われたことでイヤになり、すっかりやる気をなくしてしまった状態です。「自分で決めたことを自分で達成する」という大事なテーマを無視されたことへの脳の怒り、それによる脳の拒否反応の表れともいえます。

子どもの脳に素直に「やろうかな」と思わせて、なおかつ「自分でやった」が味わえるようにするには、指示・命令に代わる促し方の工夫が大事です。この時期の子育てではそれがポイントになります。

よい会話を磨こう

秘訣は、子どもにどうするかを決定させる「会話」です。

たとえば「このやり方とこのやり方があるけれど、あなたはどうする？」「お母さんはこうやってうまくいったけれど、どうすればよいと思う？」といった質問を投げかけることで、子どもは「こうする」と答えることができます。

子どもがどうすべきか、わかりやすく答えを示してやって構いませんし、方法をいくつか提案して「どれを選ぶ？」と尋ねてもよいでしょう。重要なのは、子どもが自ら「こうする！」と決めていくことです。

この会話を磨くことで、子どもの脳は育ち、集中力の素も培われていきます。

とくに女の子は、男の子以上に指示・命令に反発を覚える傾向があります。

子どもを産み育て、生命を守る性ということもあり、男の子よりも自主性の芽が早く、大きく、しっかりと育ち始めるからです。そのため「ああしろ、こうしろ」と言われることを大変に嫌がるのです。ですから女の子を育てるときは、とくに相手を尊重し、親のほうから先出ししないことを大事にしてあげてください。

いずれにしても七歳を過ぎてからは、子どもの意見を聞いてやる必要があります。

それがなければ自主性が育っていきません。

「つべこべ言わずに早くやりなさい」「いいからやりなさい」では、自分でやる気持ちが途切れてしまい、集中力が上がってこないだけではなく、物事を達成する能力も落ちていきます。

言われた通りにしかできない子にしてしまうと、一〇歳を過ぎてから才能が伸びてもきませんので、この時期の子には「自らやる」「成し遂げる」力を高めてやることに注力しましょう。

最も大事なのは「間引き期」の接し方

間引き期は才能発揮に向けたスタート

子どもの脳の発達に合わせて、その時期に必要な子育てをしていくことが大事とお話ししてきましたが、該当する時期が過ぎていたとしても焦らないでください。大人だって脳は進化中です。発達時期に合わせて必要なことをしておかないと絶対にダメというわけではないのです。

とはいえ、四〜七歳は、よい脳を育てることにおいても、集中力の素質を磨くという面でも最も重要なスタートの時期であることは間違いありません。

この年齢から素質を磨いていった子ほど、集中力をはじめとする才能発揮ができる人になりやすいことは確かなのです。実際、スポーツをはじめ、特定の分野で天才的な才能を発揮している人たちは、ほとんどが四歳ごろから着手しています。その分野に関する細胞が、間引かれずに残り、発達し続けていったからでしょう。

「それなら秀でた才能が発揮できるように、早くから英才教育のようにして集中的に何かをやらせたほうがよいのか？」と言えば必ずしもそうとは言い切れません。

天才的な才能を発揮している人たちも、実はスパルタ英才教育で育ってきた人は少数です。むしろテニスにしてもゴルフにしてもピアノにしても、世界的に活躍している人たちの幼少期は共通して、興味をもったり、「おもしろそう」と思ったりしたことを幅広くやってきています。

親主導の英才教育は意味がない

たとえば宮里藍選手がゴルフを始めたのは四歳からですが、必ずしも厳しい英才教育を受けたわけではありません。同じくプロゴルファーである二人のお兄さんたちが練習する横で、見よう見まねでクラブを振り、空振りしても何をやっても「藍ちゃん上手ね」と周りからほめられてばかりいたそうです。

本格的にゴルフの道に進み始めたのは小学校五年生からですが、かといってゴルフ一本やりではなく、ピアノもやったり、野球やバスケットボールをやったりして、最終的に「ゴルフがやっぱり好きだから、ゴルフをやる」と自らの意志で決め、プロの頂点を目指しています。

好きなこと、楽しいと思うことをいろいろやるなかで、最終的に自分でその分野を選びとったというのは、多くのプロ・プレイヤーに共通している点です。そこに親の「やりなさい」という押し付けが一切ないのも共通です。

スポーツにしても、ピアノや絵画といったものも、小さいうちから英才教育で始めるほど才能が伸びると親は思いがちです。漢字や計算などの勉強も、早くからやっておくほうがよいと考える親は少なくありません。

しかし早いほどよいのかと言えば、それは正しくもあり、間違いでもあるのです。細胞の間引きが行なわれている間に始めたことは、その分、脳に定着していきやすくなりますが、そこには欠かせない条件があります。

子ども自身が「興味をもった」もの、「好きになった」ものでなくてはならないのです。

親の意向で習い事をさせても、子どもが「好きだ」「楽しい」と思わない限り、能力はついていきません。好きではないものは上手になれませんし、集中力も生まれてこないからです。

興味をもてる導き方が大事

間引きの時期にあたる四〜七歳は、まだ自分ひとりで「これがやりたい」を見つけることはむずかしいでしょうから、親がある程度環境を整えてやる必要はあります。

しかし親が選んで一方的に「これをやりなさい」とやらせても、才能を伸ばすことにはつながらないのです。

親がしてあげるべきは、子どもが自ら「これをやりたい」と思えるものをつくってやることです。

たとえば親が自ら楽器を楽しんで演奏する、子どもと泳ぎや体操を楽しむなど、親子一緒に楽しむ環境を用意したり、すでに習い事をさせているなら家で親も一緒にやってみたりといったことが大事なのです。

そうやって環境を整えてやることで、子どもも興味をもち始めるはずです。

子どもが興味をもって、自分から「やりたい」と言い出したり、「おもしろいから続けたい」と言い出したりしたら、できる限りよい指導が受けられるようにしてやるなどの応援を一生懸命してやってください。

子どもの興味を出発点に、できる限りの環境を用意してやることが、子どもの才能を伸ばすための〝本当の英才教育〟です。

知識や学習能力は言うまでもなく、「センス」「感性」と呼ばれているものも、生まれつきの資質ではなく、脳を鍛えることで磨いていくことができます。

脳の機能はどの子も同じです。「センス」「感性」があるかないか、ある分野で秀でた才能を発揮できるか否かは、すべてはお父さん、お母さんの関わり方の違いなのです。

八歳になったら子どもの後ろに回って子育てを

手出しや口出しは封印しよう

細胞が間引かれていく七歳までは、子どもの興味や「好きなこと」を出発点に、親が前に立って上手にリードしてやることが大事なのですが、七歳を過ぎたらそのやり方は効かなくなっていきます。

八～一〇歳は、「自分でやり遂げたい」思いが強くなってきます。それまでのように親が手出しや口出しをしていると、言われたことしかやらない子、言われるほどにやらなくなる子などになっていきます。

どちらのタイプも「自分から進んでやる」ができないので、やり始めたとして、集中して取り組める子にはなっていきません。

それでなくともお母さん方は、なんとかいい子に育てようと思って、どうしても前に出がちです。

「こういうときはこうしなさい」「ちゃんと覚えなさい」「いつまでもダラダラやってないで、さっさと済ませなさい」「そうじゃなくて、こうするのよ」「そのやり方は違うでしょ」などなど、身に覚えのある方も多いのではないでしょうか。

でも、手を出し、口を出しでぐいぐい子どもを引っ張っていくやり方は、七歳以降の子には封印しましょう。

自分でやり遂げたい気持ちが強くなってくる時期なのですから、その本能を上手に生かして、子どもの力を伸ばしてやることを大切にしてください。子どもの力を信頼して、「使命感」をもつまでになるほど、「自我の本能」を鍛えてやりたいものです。

突き放すのではなく、共に考え悩むことが大事

そのための秘訣は、七歳を境に親の立ち位置を変えることです。

子どもの前に立って指導する子育てから、今度は後ろに立って後押しする子育てにシフトするのです。

お母さん方にこうお話しすると、「親は一切手出ししないほうがいいんですね」「自分で考えなさいと言えばよいのですか?」といった声が出てくることがありますが、後ろに立つことと、突き放すことは違います。

後ろに立つ子育てとは、子どもの自主性を大事にしつつも、「絶対に私が支えてあげる。どんな状況になっても、お母さんはあなたの味方だよ」という気持ちを失わず、いざとなったら手を差し伸べてやる関わり方です。

勉強でもスポーツでも習い事でも、あるいは友だちとの関係でも、子どもがつまずいたり悩んだりしているときは、「お母さんはこう考えるけれど、あなたはどう思う?」「お母さんもわからないけれど、こうやってみるとどうかな?」と、親も一緒に考えたり、悩んだりしていくことが、子どもの力を伸ばしていくことにつながります。

そうした育て方をされた子は、集中して考えたり集中して取り組んだりする力もついていくことでしょう。

第３章

「よい習慣」が集中力の素を育んでいく！

四歳から大事にしていきたい一〇の習慣

家族で「よい習慣」を大事にしよう

この章では、集中力のある子に育てていくために必要な習慣と、伸ばしてやりたい能力「空間認知能」についてご紹介します。

最初に、集中力を高めるために心がけてほしい点をまとめると、一番目が「興味をもつ」を習慣にすることです。

二番目は、興味をもって理解したものに対して「もっとわかりたい」や「正しい判断をするんだ」を習慣づけること。「まあ、いいか」「後でやる」をクセにしないことが大切です。

そして三番目には「自分でやってやる！」を習慣にすること。最後には「お母さんはそう思っているかもしれないけれど、ボク（ワタシ）はこう思う」と言える子にしていくことです。

そのために大切にしてほしい「よい習慣」が以下の一〇項目です。四歳を過ぎたら日々の子育ての中で意識していってください。

ただし気をつけてほしいことがあります。

「よい習慣」は子ども任せでは身についていきません。かといって「ちゃんと習慣にしなさい」と一方的に言うだけではダメなことも、もうおわかりですね？

子どもの中に習慣として定着させるには、親自身も「よい習慣」を自ら実践していくことが大事なのです。

親がやっている姿を見ていれば、「××しなさい！」「△△はダメって言ったでしょ！」などと言わなくても、「同期発火」の力で子どもはやるようになっていきます。

お父さんも含め、家族全員が「よい習慣」を意識することで家庭の中が自《おの》ずとそうなっていき、「統一・一貫性」の本能によって、子どもの中にも「それが当たり前」となっていきます。

親も心がけて、姿勢で子どもに示していく、家庭の中に「それが当たり前」の環境をつくっていく。この二つをぜひ忘れないようにしましょう。

①物事に興味をもつ・感動する

集中力のすべての出発点は、「興味をもつ」「好きになる」「おもしろい！」という気持ちをもつことです。すなわち「好きになる力」をつけてやるということです。

「おもしろくなさそう」「つまらない」「そんなのどうでもいい」といった言葉を口にすることが多いようなら、「本当はおもしろいんだよ」とおもしろさを伝えていったり、親が率先して楽しんでやってみせたりしましょう。

また、親が日頃から「これっておもしろそうだね！」「これ、すごいよ！」「なんだかワクワクしない？」などのポジティブな言葉をたくさん口にしていると、子どもの中にも「楽しそう」「好きになれそう」と、物事をポジティブに捉える習慣が育まれます。

「好きになる力」をつけるには、笑顔でいることも大事です。情報に「好き・嫌い」のレッテルを貼っているA10神経群は、顔の表情筋ともつながっており、笑顔を浮かべると否定的な感情が生まれにくくなって前向きな感情をもちやすくなるのです。

ですから、毎朝子どもと一緒に笑顔をつくる習慣をつけるのもよいですね。

笑顔を大切にして、物事を前向きに、ポジティブにおもしろがる習慣を家庭の中に根付かせていくことが、素直に興味をもったり、感動したりできる子にしていくポイントです。

②否定的な言葉を使わない

「できない」「ムリ」「大変だ」などの否定語を口にすると、A10神経群はその情報すべてに「嫌い」というマイナスのレッテルを貼ってしまいます。

一度マイナスのレッテルを貼られてしまうと、その情報に関して脳は積極的に働かなくなります。理解する、判断する、考えることをしなくなるのです。「もっと理解しよう」「もっと考えよう」という気持ちが生まれませんので、集中力も生まれません。

ですから何かに取り組もうというとき、あるいはすでに何かに取り組んでいるとき、「ああ、もうヤダ！」「ムリ、できない！」といった否定語を、言葉で口に出さない習慣をつけましょう。

子ども自身が口にしないことはもちろん、何かに取り組もう、挑戦しようとしている子どもに親が「そんなのムリムリ！」「できっこない」「やるの大変そうね」と言うのもNGです。むしろ「わあ、おもしろそうね」「やったらきっと楽しいだろうね」と、プラスのレッテルが貼れるような言葉かけを大事にしてほしいと思います。

否定語が出ないように、できていること、頑張っている点を「ここがすごいね」とほめたり、「ここはこうするといいんじゃない？」などと励ましたりするのもよいでしょう。

また、親自ら「イヤだ」「大変」「ムリ」「疲れた」を口グセにしないことも大切です。うっかり口にしがちですが、否定語が脳に与えるよくない影響の大きさは、皆さんの想像以上なのです。

③後回しをクセにしない

今やるべきことを後回しにしてしまうクセがつくと、やり遂げることでうれしさを感じる自己報酬神経群を機能させにくくなります。脳がごほうびをもらえなくなり、「自分からやってやる！」の気持ちが育ちません。

「後でやる」「今はまだいい」が多い子は、集中力の発揮に必要な「自分で成し遂げる」力が育ちにくくなります。「後で！」や「もう少ししたらやる」などの言葉が出てきたときは、それが習慣にならないような工夫をしましょう。

たとえばテレビやゲームをやっていて、やるべきことを後回しにするようなとき。子どもが「今おもしろいところだからやめられない。後でやる」と言ってきたら、「そうだね、おもしろいところだよね」と、子どもが使った言葉を繰り返して一度共感します。

そのうえで「でも、今やっておかないと寝る時間が遅くなって起きるのがつらくなるよ。どうする？」「今これをやっておくと、ご飯の後でゆっくり遊べるよ。ご飯の後で宿題するのと、ゲームするのとどっちがいい？」と尋ねます。子どもが自分から「今やる」と言うように促していくのです。

また、後回しをクセにしないためには、決断と実行が速くできるようにしてやるのも方法です。

たとえば、学校から帰ってきてから寝るまでのタイムスケジュールを子どもに考えさせてスケジュール表をつくらせる、あるいは子ども自身に「どれから先にやるべきか」を考えさせて優先順位をつけさせる、やるべきことは「いつまでに」と締め切りを考えて決めさせるなどがあります。

集中力のある子にしていくためにも、「後で！」ではなく「やるなら今でしょ！」を合言葉にしていってください。

④損得を考えて手を抜かない

これは集中力の発揮ということを考えても、とても大事な習慣といえます。次の「どんなことも最後までやりきる」にもつながっていきますので、子どもの中にしっかり習慣として根付かせてやりましょう。

「得するわけじゃないから手を抜こう」「損しない程度にやっておけばいいや」が習慣になってしまうと、損得勘定で頑張る・頑張らないを選ぶことになります。

ひとたび「頑張らなくていいや」と思ってしまうと、「自分からやる」気持ちも生まれません。

勉強でもスポーツでも、習い事でも、「やるからには全力投球する」という強い気持ちがあってこそ身についていきますし、結果を出すこともできるのです。

親が損得を考えて「いかに速く、効率よくやるか」を子どもに課してしまうと、「効率のために手を抜いてもいい」という習慣を子どもの中につけてしまいます。

脳が完成した大人が仕事の効率を考える、効率よく家事をするというのはよいのですが、脳が育っている最中の子どもに「効率優先がよい」と教えるのは、結局子どもをできない子にしていくだけです。

脳が成長している時期だからこそ、〝素直に〟全力で頑張る力をしっかり育ててやってください。

⑤どんなことも最後までやりきる

「最後までやりきる習慣」を身につけさせることは、集中力を育んでいくときの大事な要素です。この習慣が身についていると「何が何でもやってやる！」の気持ちにつながっていきます。

それには「大体できた」「まあ、いいか」で終わらせないことが必要です。最初は集中して取り組んでいても、「まあ、これぐらいでいいかな」「大体できた」と思ったとたんに気持ちが緩み、集中が続かなくなります。これがクセになっていると、最後まで集中してやりきることが習慣になっていかないのです。

「大体できた」「まあ、いいか」と思うと、自己報酬神経群の機能がそこで停止してしまい、脳はそれ以上の力を出さなくなります。物事を中途半端で終わらせないことは、脳を育むうえでも、集中力をつけていくうえでも大事です。

子どもが「大体できた」と口にしたときは、「まだ終わっていないのは何？」「最後まで全部終わらせることが大事だよ」と言葉をかけて、完璧にやりきるクセをつけていきましょう。習慣づけていくには、後片付けが最後まできちんとできる子にしていくことも有効です。

「まあ、いいか」で済ませることが多い子は、家庭の中がそうなっていることも少なくないものです。ですので、家族みんなで最後までやりきることを大事にしていくとよいでしょう。

⑥人の話をしっかり聞く

耳を傾けて聞くという行為は、集中力がないとできません。つまり人の話をしっかり聞く習慣ができていると、集中力も磨かれていくのです。

また人の話を素直に聞ける子は、好奇心や探究心、興味・関心が強く、「へえ、すごいなあ」「おもしろいなあ」と感動できる力も高くなります。この気持ちが「やってみよう」「もっと知りたい」につながり、集中力の発揮にも結びついていくことは繰り返してきた通りです。

もちろん、人の話をしっかり聞くことで、教わったことを正確に理解できるようになりますから、勉強でもスポーツでも能力を高めていくことができます。

人の話をしっかり聞く習慣は、自分の話をしっかり聞いてもらうことから身についていくことが少なくありません。ですから親の側も、まずは子どもの話を聞き流さないことを習慣にしましょう。

仕事や家事で忙しいときも多いと思いますが、子どもが話してきたときは、「へえ」「それで?」「おもしろいねえ」と相槌《あいづち》を打ちながら耳を傾けてほしいと思います。

子どもの意見やアイデアも、「何くだらないこと言ってるの」と頭ごなしに否定しないで、「自分で考えたの？　すごいねえ」「お母さんには思いつかないわ」と感動しながら聞いてやることで考える力がつきます。

子どもと誰かの話を聞くときも、「おもしろい話が聞けそうだね」「きっとためになる話が聞けると思うよ」と言葉をかけて、どんな話も一生懸命聞く習慣を育んでいってください。それが、好奇心をもって素直に人の話を聞ける子にしていきます。

もうひとつ大事なことは、「あれをしなさい」と口うるさく指示したり、始終ガミガミ言ったりしないことです。口うるさく言われることが多いほど、子どもの中では自分を守るために「自己保存の本能」が働いて、「聞いたふり」で聞き流すクセをつけていくようになります。これでは優れた集中力は育ちません。

⑦失敗やできないことも素直に言う

「いつ、何を、どのように」やるかを明確にすることで脳は機能するようになっています。「何を頑張ればいいか」がわかると、脳はよく動くようになるのです。

失敗やミス、できなかったことは、その時点で自分に足りていないことがあるということ。ですから、反省するのではなく、次の目標に変えていけばよいのです。

そうした発想で、子どもの失敗、ミス、できなかったことを捉えてみてください。「なんでこんなミスするの」「こうすればよかったのに」と責めるようなことを言えば、「自己保存」の本能が働いて、何かのせいにしたり、言い訳をしたり、隠したりするようになります。また「失敗しないように言われた通りにやろう」となって、自主性も育たなくなっていきます。

子どもには、失敗やミスは悪いことではなく、「次、何を頑張ればいいかがわかるから大事なことなんだよ」と教え、失敗やミスを素直に口にできる子にしましょう。

そして、「どうしてできなかったのかな？　どこをどうすれば次は大丈夫だと思う？」「お母さんはこうするといいんじゃないかと思うのだけれど、あなたはどう思う？」のように問いかけて、自分で「次はこうしよう」が考えられるようにしていくことが大切です。

⑧人をバカにしない

繰り返しになりますが、「興味をもつ」「好きになる」は集中力発揮の出発点です。「好きになる力」を子どもの中にしっかりと育んでいくことで、集中できる子になっていきます。この「好きになる力」は物事に対してだけではなく、人に対しても発揮されなくてはいけません。

たとえば学校の先生が嫌いだったらどうでしょうか。嫌いな先生の話は集中して聞こうとはしなくなるでしょう。

先生を嫌いになると、A10神経群はその先生の話に「嫌い」のレッテルを貼ります。そのため授業を聞いていても「おもしろくない」「興味がない」となり、理解しにくくなって覚えづらくなります。それゆえ、さらに授業に集中できなくなるということにつながります。

先生も人間ですから完璧ではありません。しかしそこで親が「あの先生はこうだから」と悪口を言ったり、「あの先生はダメね。先生失格じゃないの?」などと見下したりバカにする言葉を口にしたりすると、子どももそのようになっていきます。

「人を好きになる」「人を尊敬できる」は、子ども時代だからこそ、しっかり育んでやりたい重要な力です。「同期発火」で相手と心を通わすには、何よりもまず「相手を好きであること」「相手を尊敬していること」が不可欠だからです。

仲間とチームを組んで試合をする、調べたことを発表する、何かをつくり上げるという場面で、「みんなと一緒にがんばる」には、仲間を好きになり、尊敬し、「同期発火」を起こしていくことが大事です。みんなと一緒にがんばることは集中力をつけていく恰好《かっこう》の場ともなります。

「人を好きになる」「人を尊敬できる」力を育てていくためにも子どもの前で、先生をはじめ人を見下したり、誰かの悪口を言ったりすることは賢明ではありません。

子どもがそのようなことを口にしたときは、「そうかな？　けれどこういうところは素晴らしいとお母さんは思うよ」「ここは真似できないすごいところだと思うよ」と、いいところに目を向けられるような導きをしてほしいと思います。

⑨集中できる環境を整える

「うちの子は、勉強していてもすぐに気が散ってしまって、全然集中してやらないんです」というお母さんからの相談をお受けすることも多いのですが、話をよく聞くと、「お母さん、それはそうです」というケースが結構あります。

たとえばリビングで勉強している子どもの横で、お父さんがビール片手にテレビを観ていたりすれば、勉強に集中できないのも仕方ありません。

子どもが勉強しているそばで、お母さんが横から「そこは違う」「そうじゃないでしょ。もっと集中しなさい」としょっちゅう口をはさんでいたら、「うるさいなあ。あっち行ってよ」となって、やる気を失うばかりです。

勉強に集中できない環境の中で、「集中してやりなさい」と言われても子どもは困ってしまいます。集中できる環境を整えてやらなければ、集中できるものもできません。

子どもが勉強している間はテレビのスイッチは入れないという約束事を決めるのもよいですし、「ここはあなただけが触れる特別な場所よ」と言って、勉強用に小さな机を用意してやるのもよいと思います。

リビングの隅や廊下でも構いませんので、誰も触れないその子だけの勉強スペースをつくってやり、「ここはあなたの秘密基地だよ」と言って、小さな机を置くのも効果があります。「秘密基地」という魔法の言葉が効いて、親に言われなくても机に向かうようになるでしょう。

「自分でやる」気持ちをもたせることで、子どもも集中して勉強するようになります。そうした工夫で、集中できる環境を整えてあげてください。

⑩繰り返し考えることを徹底する

子どもの脳の力をつけていくうえでは、同じことを何度も繰り返し考える習慣をつけることも大切です。この習慣ができていると、途中で「大体わかった」「もう、いいや」で済ませることがなくなっていきます。一度理解したことでも「正しい判断をしたい」という前向きな気持ちが生まれて、納得するまで集中して考えるといったことができるようになるでしょう。

同じことを繰り返して考えると、「統一・一貫性」の本能を鍛えることにもつながり、小さな差を見つける目が養われ、間違いにすぐ気づいたり、微妙な違いが判断できたりするようになっていきます。

繰り返し考える習慣ができた子は、考えや心を深めることができ、判断力や理解力もどんどんついていきます。「お母さん、それは違うよ。こうだよ」「お父さんはそう言うけど、自分はこう思う」と自分の口で言える、素晴らしい能力をもった子に育っていきます。

美しい姿勢と集中力は関係する

姿勢がよいと物事を正確に理解できる

「姿勢をよくしなさい」「背筋を伸ばしなさい」ということは、よく言われます。皆さんも、子どもの頃にうるさく言われた経験があることでしょう。また、お子さんにも「姿勢をよくしなさい」「背中が曲がってるよ」と、たびたび注意されているのではないでしょうか。

けれども、なぜ姿勢をよくしなければいけないのか、その理由を知っている方は少ないのではないかと思います。

姿勢が美しいと見た目もよくなります。しかし、それだけが姿勢をよくする理由ではありません。

姿勢が崩れてくると、体のバランスが崩れて、物事を正確に理解したり、集中して話を聞いたりすることができなくなるのです。

体のバランスと関係しているのは小脳にある「虫部《ちゅうぶ》」という場所で、脳はこの場所でバランスをとりながら、体の位置、目・耳などから入ってくる情報を判断しています。

姿勢が悪いと体軸が傾きますから、目線も傾きます。目線が傾くと左右の目から入ってきた情報にズレが生じ、脳は左右の情報をひとつにまとめる作業が必要になります。このため脳は疲れやすくなり、集中力を高めてゆくことが難しくなります。

その結果、脳のパフォーマンスを落として、運動面や学習面はもとより、あらゆる場面で力を発揮できなくなっていきます。美しく正しい姿勢は、子どもの能力の向上に関係してくる大事な要素のひとつなのです。

超一流と言われている人たちの姿勢が、概して美しいことからもそれはわかります。とくにアスリートと呼ばれている人たちで姿勢が悪い人はいません。

スポーツにおいて、目線が傾き、入ってくる情報にズレが生じることは体を動かすタイミングにも影響します。ですから超一流の選手は立ち姿も歩く姿も美しいのです。

姿勢を正す理由を話してあげよう

もちろん皆さんも、よい姿勢の大事さは十分わかっていらっしゃるでしょう。お母さんたちからは「うちの子どもは何回言っても姿勢の悪さが直らなくて、すぐに体がダラリとしてしまう」という声をたくさん聞きます。「何回注意しても姿勢が直らない」は、多くのお母さんの困り事です。

でも、理由をきちんと説明してやれば、子どもは理解して気をつけるようになります。理由を知らないまま「姿勢をよくしなさい」と言われても、子どもたちの中には入っていかないのです。

ある小学校の校長先生に頼まれて、小学校一年生から六年生までの子どもたちに講演をしたことがありました。

そこで姿勢の話をしました。

「美しい自分を整えないと能力は発揮できないんだよ。すごい人というのはみんな立っていても、走っていても、歩いていても姿が美しい。だから美しい自分を整えないと能力は出てこないんだよ」

と、ここまで話して、ある一年生の子に「君の足はダラ〜と開いているよね？　それは美しいと思う？」といきなり質問してみました。すると、そこにいた全員が弾《はじ》かれたようにビシッと足を整えて座り直したのです。

続けて、「達人と言われている人たちは姿が美しいから目が水平になっているんだけれど、みんなの目は今傾いているよね？」と話すと、今度は目が水平になるように姿勢を直して座るようになったのです。

途中で多少足が開き出したりはしたものの、そこにいた子どもたちはみんな、よい姿勢を保ったまま六〇分間きちんと私の話を聞いてくれました。

後日子どもたちから感想が送られてきたのですが、驚いたことに、メモをとらずに話を聞いていたにもかかわらず、一年生、二年生の子も私が講演で話した五つの内容をきちんと覚えていてくれたのです。姿勢を正すことで集中力も生まれ、話を最後までしっかり聞いてくれたのですね。

もっとうれしいことがありました。小学生にはちょっとむずかしいかなと思いつつ、「目が水平になっていると、入ってきた情報を補正しないで脳が取り込めるから、右と左の脳が同時に働ける。だから頭は疲れないし、ものはよく見えるし、判断力も上がるんだよ。野球をやっている子がいたら、目線を水平にすることを意識してください」と話をしたところ、そこに少年スポーツ団の野球部で一番、四番、七番バッターを任されている子たちがいたのです。

講演の一週間後に県の少年野球大会があり、その子たちがそこで猛打を連発し続けたそうです。そのおかげでどんどん勝ち上がっていき、最後は優勝を手にしたとのこと。子どもたちも「林先生は神様だ」と大喜びしていたと連絡をいただきました。

子どもであっても、なんで大切なのかをきちんと説明すれば、「統一・一貫性」の本能に従って、そのようにやってくれます。

ですから、ただ「姿勢を直しなさい」と言うのではなく、姿勢を正すことの必要性も併せて話してあげることが大事なのです。

正しい姿勢は「空間認知能」とつながっている

美しく正しい姿勢は、集中力とも関係します。正しい姿勢でいると体が疲れませんので、集中力を維持することもできます。

正しい姿勢をつくるポイントは、

・目線を水平にする
・背筋を伸ばす
・肩（肩甲骨）の高さを左右同じにする

の三つです。ここに注意しながら、子どもが正しい姿勢をとれているかどうか見てやるとよいでしょう。

美しく正しい姿勢ができるようになることは、子どもの「空間認知能」を鍛えることにもなります。「空間認知能」は、とにかくあらゆる能力の向上に必要不可欠な重要な脳機能です。

その脳機能のトレーニングのひとつが、美しく正しい姿勢でいることを習慣にすることなのです。

「空間認知能」を鍛えよう

空間で物事を捉える能力が「空間認知能」

空間認知能は、「文武両脳」の才能を発揮するために絶対に欠かせないファクターです。

算数の力をつけるために重要な力と言われていることもあって、この言葉を耳にしている方もきっと多いのではないでしょうか。

空間認知能は、空間で物事の位置関係、距離、方向性を認識する力です。

目標に向かって正確にボールを投げる、対象物や相手との間合いを意識しながら体を動かす、バランスをとりながら自転車に乗るといった、運動能力と大きく関わっているだけでなく、時空を把握するときにも欠かせません。

たとえば、決まっている集合時間に間に合うように時間の流れをイメージしたり、地図を見て集合場所に行くまでの道筋を把握したりできるのも空間認知能の力ですし、物事の手順を考える、本を読んで場面をイメージする、立体物を3Dで考える、アイデアを図にする、物を見てそれを絵に描く、相手との間合いを考えて接するなども、すべて空間認知能の働きによるものです。

いつも集合時間に間に合わない、物事を進めるときに要領が悪い、運動が苦手、数字に弱い、方向音痴などは空間認知が苦手であるからなのです。

この能力の特徴は、脳のあちこちの中枢に点在していることです。通常は運動なら運動中枢というひとつの部位が担っているのですが、空間認知能に関しては、中心となる空間認知中枢以外に、いくつかの部位に存在しています。

その場所は四つあります。

・視覚中枢（目から入ってくる情報に対して機能する）
・言語中枢（耳から入ってくる情報に対して機能する）
・前頭前野（微妙な違いを選り分けて判断する、先を読む）
・海馬回・リンビック（思考する、考える）

このように脳の中のあちこちに機能があるのは空間認知能しかありません。それぐらい空間認知能はさまざまな場面で重要な役割をしているのです。

子どものうちから空間認知能を鍛えていくことは、才能を発揮していく脳にするために大変重要であることがおわかりいただけるでしょう。

男の子と女の子で空間認知には違いがある

実は空間認知能には男女差があります。

男性の場合は視覚中枢が空間認知の基本です。「視覚的空間認知」が高いので、男の子は立体的な図形を見て見えない部分までわかる、距離の目測が正確にできる、動くものに対して働きかけるといったことが得意です。

一方、女性は言語中枢に空間認知の細胞がたくさんあるため「言語的空間認知」が得意です。女性はおしゃべりが大好きですが、「言語的空間認知」が発達しているため、しゃべることによって考えがまとまったり、アイデアが生まれてきたりするのです。

図解Ｆ　空間認知能の４つの部位

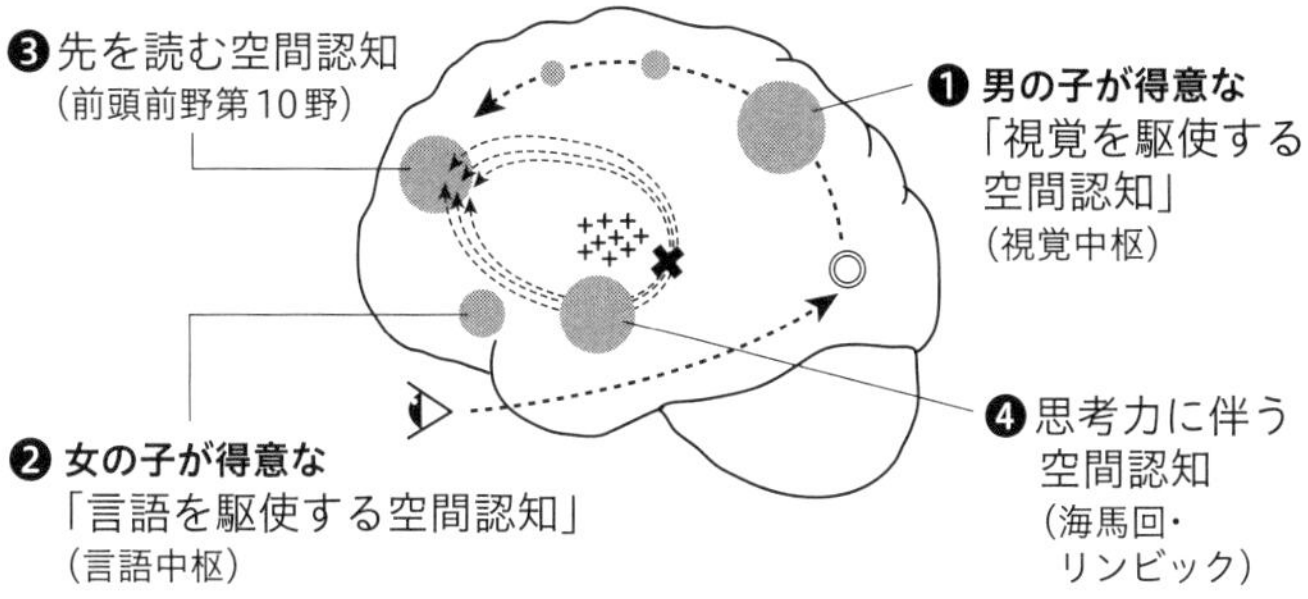

◆ **子どもの空間認知を鍛えるポイント**

- 立方体のパズルで遊ぶ
- 囲碁、将棋、オセロで遊ぶ
- そろばんを習う
- 親子の会話を増やす
- 字を正確に書く
- 姿勢を正しく、目線は水平に

しゃべりながら調子が出てくるのが、女性の脳のひとつの特徴で、これは女の子も変わりません。男の子は、しゃべらせてもボーッとしていてイマイチ何を言っているのかわからない子が結構いますが、女の子はしゃべることに長《た》けている子がたくさんいます。

女性の場合は、しゃべりながらどんどん新しい情報が脳の中に生まれていきますから、「ところで、最初何を言おうとしていたんだっけ？」がよく起こります。男からすると「余計なことばかりしゃべるからだよ」と思ったりするのですが、それを言えば大変なしっぺ返しがくるので、怖くて、女性が話を思い出すまで静かに待っているわけです。

それはさておき、男女で得意とする空間認知能が異なることから、鍛える際にはそこも少し考慮していく必要があります。

たとえば男の子は「言語的空間認知」を鍛えてやるとよいのですが、それには会話を増やしてたくさんしゃべらせることが効果的です。

また男の子は、目を閉じて物語を聞き、それを絵に描くといった、海馬回で機能する空間認知も苦手な傾向があります。ですから「今しゃべった物語をイメージしてみよう」というところから鍛えてあげるのもよいでしょう。

女の子は「視覚的空間認知」を鍛えることを大事にするとよいでしょう。物を見て正確に絵に描いていくトレーニングや、立方体のパズルで遊ぶといったことを増やしていくとよいと思います。

空間認知能の鍛え方

そのほか、空間認知能を鍛えていく方法には次のようなものもあります。遊びとしてできることも多いですから、子どもと一緒に楽しくやりながら能力を伸ばしていきましょう。

■積み木・ブロック

年齢の小さい子は積み木やブロックで遊ぶ回数を増やしましょう。基本的なポイントは、丸い形や三角の形は使わず、立方体や直方体といった四角いものだけを使うことです。

四角い形は、どのように置いても、どの方向から見ても似た形となります。これは、バランスや秩序が一貫していることを好む「統一・一貫性」の本能を鍛えていくことになります。

積んだりながめたりして遊んでいるうちに、「統一・一貫性」の本能が鍛えられて形や位置関係が理解できるようになり、空間認知の力がついていきます。

■囲碁・将棋・オセロ

積み木やブロック遊びが物足りなくなってくる年代の子は、立方体パズルやボードゲームで遊ばせるとよいでしょう。

ボードゲームの中では、囲碁、将棋、オセロのようなマス目を使ったものが最適です。マス目になった盤の上で駒の並べ方や進め方、置き方を考えていくことで空間認知能が鍛えられていきます。

とくに、勝負を通して前頭前野に存在する空間認知能が鍛えられていきますから、「微妙な違いを選り分けて判断する力」「先を読む力」がとてもついていきます。

将棋や囲碁の棋士たちは、試合の場で、勝負の先の先まで具体的に思い描きながら駒を動かしています。彼らは頭の中でも盤上で駒を動かしていますが、それも小さい頃から将棋や囲碁に親しんで空間認知能、とりわけ「先を読む力」を鍛えてきたからできる技といえるでしょう。

■丁寧に字を書く

文字を細部までしっかり丁寧に書くことも、空間認知を鍛えていくことにつながります。

子どもに字を書かせるときには、線の長さや空きの幅を同じにそろえる、角と角を合わせる、線と線をきっちりつなげる、とめ・はね・はらいもしっかり書くということを大事にしてください。

美しい字である必要はありません。細かいところまで丁寧にしっかり書く習慣を身につけさせましょう。

■目を閉じての垂直跳び

運動能力の分野の空間認知能を高めるには、目をつぶって、その場でジャンプする鍛え方があります。空間認知が機能していないと、ジャンプした後の着地点があちこちにいってしまい、同じ場所に着地できません。

そこで、床にテープなどで×印をつけ、姿勢を正しくして、目は閉じたまま真上に跳び上がる練習を繰り返します。「どちらが早く同じところに着地できるようになるかな」と競争スタイルにすれば、ゲーム感覚で練習ができます。

同じ場所に着地できるようになると、体の軸も整い、目線も水平になります。美しく正しい姿勢がとれるようにもなります。

■なわとび

同じようなトレーニングで、なわとびもお勧めです。地面に丸を描いて、そこに着地できるように跳び続けましょう。これも、「ずれずに何回跳べるかな」とゲーム感覚でやっていくとよいですね。

慣れてきたら上り坂や下り坂など、傾斜のあるところでもやってみてください。「真上に跳んで、丸の中に着地する」をしっかり意識していないと、体の軸が低いほうにずれていってしまいます。平地でやるより難易度が上がるので、もっと楽しく、しかも効果の高いトレーニングができます。

■キャッチボール

空間認知能を鍛えて、楽しく体を動かすことができて、親子のコミュニケーションにもなるのがキャッチボールです。

相手の手元に向かって正確にボールを投げる、飛んできたボールを受け止めるといった動作は、空間の間合いを測るトレーニングになります。スポーツで大切な相手の動きを観察する力を養うことにもつながります。

キャッチボールのほか、ボールを蹴り合う遊びなども同じようなトレーニングになります。

親の間合いではなく子どもの間合いを大事に

親に都合のよい間合いになっていませんか？

「空間認知」とは、実は「間合い」の科学ともいえます。

そう言われてもよくわからない方のほうが多いと思いますが、間合いとは一般的に対象物との距離や空間を指していますから、空間の中で位置関係、距離、方向性を認識する空間認知能は、間合いを科学することといってもよいわけです。

この「間合い」は、「空間認知」に関してだけでなく、人との関係をつくるうえでも大事な要素となっています。

たとえば皆さんが友人や仕事関係の人と接するときは、この人はどんなタイプか、どんなテンポの人か、どのラインまで親しさを見せてよいかなど、相手の人をよく見て距離感や接し方を考えているのではないでしょうか。これは「間合い」を考えているわけですね。

しかもそこでは相手にとって心地よい間合いを考え、接する相手によって間合いを変えて、お互いにとってよい関係をとろうとしているはずです。

ところが大人同士ではそれをしているのに、同じ人間関係である子どもとの関係になると、なぜか「間合い」のとり方が親中心になってしまう方が少なくありません。子どもにとって心地よい間合いではなく、親側に都合のいい間合いで育てようとすることが増えるのです。

「早くしなさい！」は才能育成の御法度

子どもの才能を伸ばすには、子どもの間合いで子育てをしていくことが非常に大切です。

子どもの脳の成長は一定ではありませんし、子どもによってもスピードが違います。その子のもっているテンポやペース、その子のタイプなどをよく見て、その子にとって最適な間合いを大事にしてやる必要があります。

なかでも、お母さん方がやってしまいがちな「いつまでグズグズしているの⁉」「早くしなさい!」は、最も子どもとの間合いを無視した教育といってよいでしょう。

その子のペースやテンポを優先してやらず、親の気持ちや都合で「早く○○しなさい!」と言い続ける子育てだと、子どもの脳はしっかり育っていくことができなくなります。小さいときから、このようにせかされて育つことは、その時期に伸ばすべき脳の力が伸びていかず、子どもの才能をダメにしていきやすくなります。

「いつもグズグズしていて困る」と思うのは、自分のテンポやペースに子どもを合わせようとしているからなのですね。

「でも朝は時間がないし」「自分もやることがたくさんあるし」と言いたくなるでしょうが、そこは起きる時間を早くする、子どもが自分から「やってやろう」と思うような言葉かけや環境をつくるなどの工夫もできます。

また、スローテンポな子の場合は、「この子は脳機能の素地を時間をかけてつくっているんだ」と考えてみてください。序章で紹介したナオコちゃんのような子もいます。そのような視点で子どもと接してやれば、「グズグズしている子」から「じっくり脳を育てている子」へと見方も変わるはずです。

「間合いの会話」で子どもの理解度は上がる

子どもに話すときも間合いを大事にしましょう。人間がものを理解するとき、間合いを意識した会話であることは重要なファクターとなります。自分のリズムやテンポで話をされたときほど、より理解が深まるからです。

私は講演の際、会場にいる方たち全員の顔を見ながら話すようにしています。そこで一番大切にしていることは、相槌を打っている人の間合いです。そのリズムやテンポを計って、その間合いでしゃべるようにしています。

高齢の方たちが多いと間合いが伸びて、一時間で終わるはずの講演が一時間半になることもあります。しかしそこで時間を優先し、聞いている人の間合いを無視して話しても、聞いている人たちの理解は進みません。「何かポンポン言われて、よくわからないうちに終わっちゃった」となるだけです。

間合いを大切にした話し方は「同期発火」を起こしやすく、そのため相手の脳に深く入っていって、深い理解につながりやすくなります。

子どもとの間でも「間合いの会話」が大事です。子どもの間合いを考えず、親が一方的にポンポン言い続けても伝えたいことは伝わりませんし、言葉が脳の中に入っていかず理解にもつながりません。

ですから「間合いを認める」力を親もつけましょう。子どもが小さいときほど、子どもの間合いを認めて、それに合わせて育ててやることが大切です。

ワーク

NGな言葉かけ、気持ちを高める言葉かけ

子どもの興味や意欲を高める言葉かけを大切にしていくほど、子どもの脳は育ち、集中力のある子にもなっていきます。ポイントは、A10神経群の「興味をもつ」「好きになる」が反応するような言葉かけ。

NGワードに気をつけて、子どもが「やってやる！」となるような言葉のかけ方、会話の仕方をマスターしましょう。

【子どもの才能の芽をつぶすNGワード】

- 「違うでしょ！　そうじゃないでしょ！」
- 「△△をやりなさい」「××しないとダメでしょ！」
- 「グズグズしていないで早くやりなさい！」
- 「前も言ったでしょ！」「何度言えばわかるの!?」
- 「なんでこんなこともできないの!?」
- 「そんなのムリ。できっこないでしょ」

・「もうそれはいいから、こっちをやりなさい」
・「そんなことして、何になるの？」「損するからやらないほうがいいわよ」
・「あの先生じゃダメね」「○○ちゃんは乱暴な子ね」「あんな子に負けちゃダメよ」
・「そんなくだらないこと考えてないで△△しなさい」
・「あなたのためを思って言ってるのよ！」
・「勉強だけしてればいいの！」
・「そんな言い訳聞きたくありません！」

【子どもが「やってやる！」になる言葉かけ】

■子どもの脳に入る会話

・「〇〇したいよね。お母さんも〇〇したいけれど」と子どもの言葉を使って共感してから「でもね」と理由を説明する

■子どもと気持ちをつなげる会話

・「どうだった？」「それで？」「そうだよね」と相槌を打ちながら子どもの話を聞く
・子どもの言葉に対して、「へえ、じゃあ、これはどうなの？」「それからどうなったの？」「お母さんはこう思うけれど、どう？」とポンポン質問して聞いてやる
・「お母さんは小さい頃こうやってできるようになったのよ」と成功体験を示してやる
・「へえすごいね！　さすがお母さんの子ね！」「見えないところでもしっかりやっていてすごいね」と尊敬の気持ちを込めてほめる
・「そこは本当にあなたのいいところね」と違いを認めてほめる

■叱らずにやらせる会話

・「今日は学校で疲れちゃってできないのね。ひと休みしたら〇〇しようね」と促す
・「勉強の時間をつくるには、ゲームは一日何分までならいいと思う？」と自分で決めさせる
・「ごめんなさいを言えて偉かったね。次は気をつけようね」とがんばったところを認めて次につなげる

■子どもと共に考え、自主性を磨く会話

・「これがいいことなのかどうかわからないのだけれど、こういうやり方もあるね。あなたはどう思う？」
・「お母さんはこうやって失敗したんだけれど、あなただったらどうする？」
・「どうしてできなかったのかな？　一緒に考えてみようか」
・「お母さんはこういうふうにやるといいと思ったんだけれど、あなただったらどうする？」

■子どものやる気が一気に盛り上がる〝とっておき〟のひと言

・「あなたはわが家の切り札よ」
・「あなたはうちの最後の砦《とりで》なのよ」

第4章

集中力が発揮できる子にする方法

勉強しても成績が上がらない理由

脳は前のことを次々と忘れていく

「勉強しても勉強しても成績が上がっていかない」――これは子どもの努力が足りないわけでも、頭が悪いわけでも、集中力が足りないわけでもなく、脳の仕組みに理由があります。

脳には、新しい情報が入ると前の情報を忘れていくという機能があります。

皆さんも、「あれをやらなきゃ」と思って隣の部屋に行ったのに、行ってみると「あれ、何しに来たんだっけ?」となった経験があると思います。

おそらくそのようなときは、途中で何か違うことを考えていたか、何か違うことをやりながらの状態だったに違いありません。これは新しい情報が入ってきたことで、最初にやろうと思ったことを脳が忘れてしまったわけです。

このように、新たな情報が入ってくると、脳はそれに瞬時に反応して、そちらに反応してしまいます。

また四日前の一〇時ごろに、どこで何をしていたか聞かれて即答することはできますか？　「うーん、すぐには思い出せない」となるのではないでしょうか。

心に刻まれるような強烈なできごとがない限り、脳は次々と情報を捨てていきます。脳が受け取った情報は、すべてがいったん「作業記憶」になりますが、重要度の低いものは前頭前野で三日間ほどキープされてから消えていくようになっています。

つまり、必要か必要でないかをセレクトして、「どうでもいい」と脳が判断したものは「自己保存」の本能に従って、すぐ忘れていくようになっているのです。

このように脳には、

・新しく入ってきた情報のほうに瞬時に反応する
・「どうでもいい」と判断した情報は忘れていく

といった仕組みがあります。

この仕組みを理解していないと、どんなに勉強をしても成績がよくなっていかないという現象をつくってしまいます。

テストでのケアレスミスが多い、授業の後の小テストは成績がいいのに、まとめのテストでは点数がよくないというのも、こうした脳の仕組みと関係があるのです。

「大体わかった」で終わらせない

では、勉強ができるようになっていくには何が必要なのでしょうか。

一番大切なことは「大体できた」「大体わかった」をなくすことです。

「大体できた」「大体わかった」が当たり前になっている子は、勉強することにはついていけるものの、内容を深く理解できていないために、次の勉強をしたとたん内容を忘れてしまいます。

一生懸命机に向かってちゃんと勉強しているのに、なぜか成績が上がらない子には、「昨日やったことを整理して教えて」と聞いてみてください。そこで「えーと……」と詰まって説明ができないようなら、「大体わかった」で終わらせてしまっている可能性があります。

実は私自身がそうでした。大体できたところで次の勉強に取り組むというやり方を大学まで続けていたのです。自分では一生懸命勉強しているのに、なかなか成績が上がらなくて悩んでいたのですが、脳科学を仕事にしてその原因がわかりました。「当時知っていたら、もっと成績のよい学生になれたのに」と思うと残念です。

「大体わかった」は、一〇〇パーセントまでいかないうちに「わかったつもり」になってしまい、完全に理解しない段階で次の勉強に取り組むことになります。ですから勉強しても前のことを忘れていき、成績は伸びていきません。

「大体できた」は、「もうこれでおしまいだ」の気持ちにつながります。ですので、自己報酬神経群が「もう考えなくていい」と判断し、最後まで終わっていないのに脳がモチベーションを落として完璧な理解につながりません。

勉強したことがちゃんと頭の中に残っていくには、最後まできっちりと手を抜かずにやること、そして覚えるまで復習することが大切です。ひとつのことを終わりまで完結させてから次の勉強を始める習慣、繰り返し考える習慣を大事にしましょう。

その勉強をちゃんと理解できるところまで仕上げたかは、「人に説明できるくらい理解できているか」「三日経っても覚えているか」で判断することができます。

ごほうびが先だと頑張れない

ごほうびについてもお話ししておきます。ここで言う「ごほうび」とは、ゲームをやる、マンガを読む、テレビを観るなど、子どもにとって楽しい具体的なものです。

何かを頑張ってごほうびをもらえることはよいのですが、ごほうびは基本的に人間の自主性をそいでしまうものです。先にもらってしまうと、自己報酬神経群が機能しなくなり、気持ちがそこで緩みます。その先、頑張ってやるということをしなくなるので注意が必要です。勉強に集中できない子を見ていると、机に向かって先にゲームをする子が少なくありません。

ごほうびは先にもらうほうがやる気が出るか、後のほうがいいかという話がよくありますが、脳の仕組みからすると先ではなく、絶対に後にしたほうがよいのです。

「ゲームは絶対禁止」としてしまうと子どもは反発しますから、勉強を最後まできっちりやり終えてからやるというふうに決めるとよいでしょう。その際は親が決めるのではなく、子どもが自ら決められるように上手に導いていくとよいと思います。

無意識に集中力を緩ませない秘訣

「むずかしそう」と思った瞬間に力は落ちる

一〇歳以降の脳は、大人の脳として完成していますから、勉強もスポーツもどんどんやらせて大丈夫です。

しかも、遠くない時期に受験や試合などで力を発揮しなくてはいけない場面が出てきますので、一〇歳を過ぎたら子どもを本番に強い子にしていってあげたいものです。

本番で勝つには勉強ができるだけではなく、試合に必ず勝つ才能を磨いていく必要があります。ここぞというときに力が発揮できるようにするためにも、集中力を落とさない子にしてやらなくてはなりません。

第1章で説明したように、集中力の発揮における大敵は、

・「ああ、無理だ」「大変」「できない」など否定の言葉を口にする
・「もうこれでダメだ」と気落ちする
・「安全にいこう」と考えて安全策をとろうとする
・「あと△△で終わりだ」と残りを意識する
・「負けると困る」「相手が失敗してくれないかな」と思う

の五つです。無意識に気持ちが緩む、気持ちが後ろ向きになるといった現象が起き、本人も自覚がないまま集中力を落としてしまうことにつながるからです。

「合格できるのは三人にひとりだ。自分は無理かもしれない」「あの人には自分は勝てない」と思った瞬間、物事の判断の基盤となっている「統一・一貫性」の本能の軸はネガティブに変わってしまい、「ムリ」「勝てない」の方向に働いてしまいます。

そうなると、自分は集中しているつもりでも、気持ちは無意識にすでに後ろ向きになってしまっていますから集中力はつくれません。頑張っているつもりでも本能的に自覚しないうちに自分で集中力の発揮を止めてしまうことになるのです。

この五つの要素は、普段から誰もがやってしまいがちです。それだけにやっかいですので、小さいときから「否定的な言葉を使わない」「どんなことも最後までやりき

る」などの習慣をしっかりつけておきましょう。

また、「失敗しないように大事をとろう」「ここは安全策をとってこうしておこう」といった賢さはもっていて悪いことではありません。

しかし、日頃から効率優先で育てたり、失敗しないこと、慎重であることを子どもに求め過ぎると、安全策を考えてしまうクセがついて、「ここは危険を避けてこうしておこう」となり、無意識に集中力が発揮できない子になる可能性もあります。

ですから、どんなときでも全力投球できる力をつけることを大事にしてください。

固まった気持ちも「気持ちの力」で動かせる

では、本番のときに無意識に集中力を緩めてしまわないようにするには、どうしたらよいのでしょうか。

気持ちが後ろ向きに変わって集中力が途切れてしまうわけですから、そこで気持ちをまた切り替えてやればよいのです。気持ちの力は、気持ちの力で変えていくのです。

「もうあと少しでゴールだ」「あとこれだけやれば終わりだ」とゴールを意識したとたん、集中力は緩みます。それを避けるには、「ここからが大事だ」「ここからが最後の仕上げだ」という意識をもつことです。

「もう少しで」と考えることで、自己報酬神経群は「もうがんばらなくていい」と判断してしまいます。ですから「ここからが大事だ」と気持ちを切り替えることで、自己報酬神経群の機能が落ちないようにするのです。

勉強でもスポーツでも、終わりが見えてきたときこそ、子どもに「ここからが大事だよ。今以上に丁寧にやろう」「残り五分になったら、ぶっちぎりで勝負に出よう」と言葉をかけて最後までしっかりやらせ、「ここからが大事」と考える習慣をつけてやってください。

チームスポーツの場面なら、仲間の失敗やエラーが起こったとき、「もうこれで終わりだ」「あいつのせいで」と思うと、そこで集中力は途切れてしまいます。

プロ野球の松坂大輔投手がアメリカに行く前、「ピッチングの脳科学について教えてほしい」と訪ねて来たとき、「絶好調のときに仲間がエラーして〝しまった〟と思ったら、一回マウンドを降りて〝前回あいつに助けてもらったから、今回はオレがやってやる〟と言葉に出してからマウンドに上がってください」と話しました。

これは「統一・一貫性」の軸がネガティブに変わらないように、その場所を一回離れ、「仲間のためにやってやる」と気持ちを切り替えて、「生きたい」「仲間になりたい」の本能の力を借りて集中力を持続させるということです。

また、試験や試合では、時間が残り少なくなり、死にもの狂いでやらなければいけないのに思うように力が発揮できないということもあります。

これは「攻めないと負ける」という前向きな気持ちと、「あと○分しかない」という後ろ向きな気持ちと、相反する気持ちが生じて、どちらにも進めなくなっている現象です。言わば、気持ちが固まってしまっている状態です。

本番でこのようなことが起こったら、前に進むか、後ろに進むか、自分でふん切りをつけないと気持ちは動いていきません。

柔道男子日本代表の井上康生監督から、このような質問を受けたことがあります。

「残り一五秒で、死にもの狂いで攻めなくてはいけないのに、体が前に出ないことで負けてしまう。これはどうしてですか？」

そのとき、この気持ちが固まる現象を話して、「もう勝てそうにないと後ろ向きな思いになったら、見ている人が感動するような負け方をしてやると気持ちを切り替えましょう。前にもっていく気持ちを動かすなら、〝まだ負けているわけではない、一五秒で自分の柔道をやる〟と意識して、一五秒になったところで自分の得意なコーナーに相手を引きずりこむ練習を普段から行なってください」とお伝えしました。

「感動させる」というポジティブな気持ちに切り替え、それに徹することで、脳は同期発火してすごい力を発揮します。それに相手が驚いて、今度は相手選手に「負けるかもしれない」という後ろ向きな気持ちが生じて集中力が緩み、自分の勝ちにつなげていくことができるわけです。

また、残り時間は自分の時間と思うことで、「やってやる」の気持ちが生まれます。

そこで自分の得意コーナーに相手を引きずりこめば、自分のテリトリーで勝負することができるため、勝ちにもっていくことができます。

本番に強い子にするには、こうした気持ちの仕組みについても話してやり、「最後は、自分がやってやるとポジティブに思うことが重要なんだよ」と教え続けてあげてほしいと思います。

成功体験がある子は集中力も高くなる！

むずかしい問題で苦手を克服させるのは逆効果

苦手な勉強や運動があるとき、多くの親は「ちょっとむずかしいことに挑戦させて、苦手を克服させよう」と考えがちです。

「苦手だからこそ努力させて頑張らせよう」と思われるのですが、「苦手だからこそ簡単なことをやらせて成功体験を重ねる」ことが解決策なのです。

苦手意識をもっていることに対しては、「自己保存」の本能が働いて「やってもどうせできない」という気持ちが生まれます。「どうせできない」と思っているのに、さらにむずかしいことに挑戦させてみても、子どもはイヤイヤやるだけです。

イヤイヤ取り組んでも、脳はちっとも「おもしろい」と思いません。興味も関心ももてないことをどれだけやってもA10神経群は機能しませんから、ますますそれをやるのがイヤになり、苦手意識を強めてしまう方向にいってしまいます。

ですから、できないことに対して、上のレベルのことをやらせて克服させようというのは逆効果になるのです。

それよりも、子どもが絶対に解ける問題、絶対にできるレベルの課題をやらせるほうが、苦手の克服につながります。脳の仕組みからすると、やれば必ず毎回満点がとれるぐらいのやさしいレベルで、「できた！」「わかった！」を味わうことが大事なのです。

「できた！」という達成感を味わわせていき、脳にごほうびをあげる。それが苦手なことをなくしていく方法です。

できないことを叱ってもできる子にはならない

うまくいかないとき、子どもはどうしていいかわからない状態です。「こうしたい」と思っているのに、「できなかった」「失敗した」といった後ろ向きの結果が出ると、「次も失敗したらどうしよう」「できなかったらどうしよう」と「自己保存」の本能が過剰に働いて、本能の葛藤で前に進めなくなってしまいます。

そうしたとき「できるようになるまで努力しなさい」「まだまだ努力が足りない」と叱り、バンバンと厳しくやらせるのはよくありません。

自分で克服できないことを叱られてしまうと、できないうえに追い打ちをかけることになりますから、どれだけやっても成功できなくなります。

「誰も自分のことをわかってくれない」となって「自我」の本能が傷つき、「どうせ自分はダメだ。できないんだ」という方向に「統一・一貫性」が合ってしまい、ますます失敗を恐れたりするようになります。

子ども自身は前に行きたいと思っているのに、自分の力が足りずに失敗しているようなときは、叱るよりも励ましてやってください。

「今はできなくても、最後はできるよ。そういう力を必ずあなたはもっているのだから」「ここまでがんばってやれたことはすごいことだよ。だから今は少しだけ緩めてもいいんじゃない？」のように言うことで子どもは立ち直れます。

そのうえで、できなかった理由を一緒に考えて、克服への道筋をつけてやりましょう。その際は、自信が取り戻せるように「これなら絶対にできる」というレベルのことをやらせて、成功体験を重ねることがポイントです。

ただし努力の有無ではなく、周りの影響でできなかった、環境に引きずられてやれなかったという場合はその限りではありません。

たとえば「勉強しよう」と思っているのに、きょうだいがそばでケンカばかりしていて「とてもやってられない」気持ちになり、力を落としていくというようなときは、「あなたはすごい子なんだから、周りの影響で自分の能力を落とすようなことはしちゃいけません」と前向きに叱るほうがよいのです。

自分の能力が足りなくて失敗しているときと、環境などが原因でできないときとでは対応が異なります。一見逆なようですが、前者は励まし、後者の場合は前向きに叱るほうが、子どもはできない状態から脱出して「できる子」になっていけるのです。

成功体験で「できない」気持ちを取り除こう

成功体験をもっているかどうかは、集中力の発揮にも大いに関係してきます。

成功体験のない子は、何かをやろうとするとき「できない」とまず思ってしまいます。この気持ちをもったら、どれほど「やればできる」「がんばればできる」と口で励ましても、集中力はもてません。本能で「ムリ」と思ったものはムリですし、「できない」と思ったものはできないからです。

やる前から「ムリ」「できない」の気持ちが生まれないようにするためには、「できる」と思える環境を体験させることが大事なのです。それには成功体験を積ませてやることです。

ポイントは、レベルを下げて基本的なことに取り組ませ、達成感をたくさん味わわせることです。うまくいったものは「おもしろくなる」というのが脳の仕組みです。成功体験には、絶対に失敗しないことをやらせるというのが大事な前提条件となります。

たとえば勉強であれば、四年生の子に二年生の勉強をさせるぐらいレベルを下げてやります。

「そんなことをしていいの？　かえって子どもがやる気を失うのでは？」と思われるかもしれませんが、「わかる」といううれしい気持ち、「できた！」という達成感は脳への「ごほうび」となって、子どものやる気をむしろ高めていきます。

その際に気をつけなくてはいけないこともあります。

四年生なのに二年生の問題を解いているとわかれば、子どもは自尊心が傷つきますし、前向きに取り組もうという気持ちにもなれません。

ですから子どもに悟られないように、「これは、あなたの将来をつくるための基本中の基本だからしっかりやっておこうね」「この基本をやっておけば必ず大丈夫だよ」という言い方が大事になります。

また、できたら必ず「できたね」「すごいね」とほめちぎり、自己報酬神経群へのたくさんのごほうびも忘れないでください。その繰り返しで、「自分はできる」の気持ちを育ててやるようにしましょう。

私はこのやり方で、偏差値三〇ぐらいの大学受験生たちを三か月で優等生に変えたことがあります。

「まあいいか」「大体できた」で通してしまった子たちですから、小学校四年生の漢字テストを一〇問出して、一〇〇点がとれるまで帰ってはいけないとし、繰り返し解かせるところから始めました。

やるにあたって彼らに繰り返し伝え続けたことがあります。それは「君たちは〝必ず優等生になるプロジェクト〟に選ばれた子たちなんだよ」「最後は必ず君たちの出番がくる」という言葉です。

成功体験を「成功」させるには、子どもを尊敬することも重要なのです。

「君たちはダメな子だから、これをやりなさい」では、子どもの中に前向きな気持ちは生まれません。「ダメな子」という否定の言葉も入っていますから、脳は否定語に反応してますます機能しなくなり、集中してやる気持ちも生まれません。

「あなたができないから、これをやらせるのよ」という言い方は絶対にしないようにし、「これをやることで、すごい力が発揮できるようになって、あなたの出番がくるようになるのよ」と話して、成功体験を積ませてあげてください。

やり遂げるための「目標」をもつ

頑張り表をつくって家族の目に触れる場所に貼ろう

自分から「やってやろう」の気持ちをいかにつくるかは、集中力の発揮できる子にしていくうえで欠かせません。

この気持ちを育めるように、「目標」をもって取り組むことも大切にしましょう。「いつまでに、何をやるか」が明確になっているほど、脳はよく働くようになり、それに向かって集中してやることができるようになります。やると決めたことを成し遂げていくことは、「自分でやる」という「自我」の本能を磨き、自己報酬神経群にたくさんのごほうびをもたらします。

勉強でもスポーツでも、習い事でも、「最後はこうなりたい」「こういうことができるようになりたい」と大きな目標をもつことで、それに向けて頑張ることができるようになります。

その大きな目標を達成するには、今何をやればよいのかも、子どもと一緒に決めていきましょう。「これができるようになるには、こういうことも大事だと思うけれど、あなたはどうしたい？　どうしたらいいと思う？」と親がサポートしてやっても構いません。

そうやって決めたことは、「頑張り表」にして、達成できたら○、ちょっと足りなかったら△、できなかったら×を子ども自身が書き込めるようにします。それをリビングや廊下などに貼っておき、達成度が家族全員の目に見えるような形にしておくとよいと思います。

お父さんやお母さんがそれを見て、「お、すごいな」「頑張ってるね」とひと言プラスの評価を言ってやるだけで、子どもには大きな励みになります。

子どもにとって親が「見てくれている」こと、頑張っていることを「認めてほめてもらう」ことは力の発揮につながります。達成する力もついていきます。

コツコツより「一気に目標達成」を大事に

大きな目標を決め、それを達成するための小さな目標をいくつか段階的に決めたら、一気に駆け上がって目標を次々達成していくということも大事にしてください。

一般的に、目標に向かってコツコツやる、一歩一歩着実に進めることはよいこととされていますが、そこには「失敗したらイヤだ」といった否定の言葉と、「失敗しないように着実にやろう」と安全策でいく気持ちが潜んでいます。

コツコツや一歩一歩でやっていくと、「ここまできた。もうあと少しで終わりだ」や「大体できた。これぐらいでいいだろう」のような気持ちが生じて、やり遂げる力もついていきません。

このようなやり方を続けていると、「失敗したくない」という「自己保存」の本能が過剰になり、「ここぞ！」の本番勝負で高い集中力を発揮する力もでなくなります。

小さな目標を一気に達成する。それを繰り返す。すると、それが成功体験の積み重ねにもなっていき、自信につながります。

希望する学校に入る、こういう仕事に就く、スポーツで勝負に勝つ、どのような場面でも、目指す目標を達成するためには、そのために必要なことに全力で取り組んでいくことが大事です。

子どものときから、一つひとつの小さな目標に対して、全力で向かい、一気に達成して、次なる目標に取り組んでいく習慣をつけていきましょう。そのためにも目指す目標に到達するまでの日々の目標は、達成感のもちやすいレベルであるほうがよいと思います。

脳は一三〇パーセントまで力が出せる

本番の場面で、直線的に突き抜けていくような気持ちの力、ガーッと駆け上がっていくような集中力の発揮の仕方ができることも、ひとつの才能発揮です。

超一流のオリンピック選手は、大会が近づくほどに集中力を研ぎ澄ませていき、大会ではさらにそこから集中力を伸ばしていきます。

「オリンピックに間に合うように気持ちを仕上げた」という発想は超一流選手には

ありません。しかも試合をするごとに集中力を高め、強くなっていきます。

こうした超一流の集中力の発揮の仕方も、一つひとつのことに手を抜かず、立てた目標に対して、一気に全力で取り組む習慣から培われているのです。

一流の上の超一流を目指さないと、本当の才能は発揮できません。そこでは「自分がやるうえでは他の追随を許さない」というぐらいの気持ちも必要です。内村選手は「やるのは使命」という考え方、「自分しかいない」という気持ちで取り組み、ものすごい才能を発揮しています。

「やるからには他の追随は許さない。これが自分なりの勝負だ」という気持ちは、単なる「勝った」「負けた」を超え、大変な力の発揮につながっていきます。

ある実験からは、脳は普段発揮している力の一三〇パーセントまで働かせることができると証明されています。人の脳はそれぐらいすごい力をもっているのです。

子どもにもその力があります。内村選手の「使命」のように、「最後、自分はこれで勝負する」という気持ちをひとつもつことが、一番力を発揮できる集中力の出し方です。

集中力が高まらない、持続しないときの克服法

同じことの繰り返しを大事にしよう

子どもが三〇分と落ち着いて座っていられない、勉強に集中できない、何か始めてもすぐに飽きて次々と違うことをやり始める、三日坊主で続かない――。

これらはいずれも、環境を整えて「統一・一貫性」の本能を鍛えてやることで変わっていきます。というのも、集中力が身につかない子の場合、多くは「統一・一貫性」の本能が弱いことに理由があるからです。

「統一・一貫性」の本能が鍛えられていないと、物事を判断したり、小さな違いに気づいたりすることができなくなる上、環境と自分を一体化させて力を発揮するといったこともできなくなります。すなわち環境の変化に弱く、周囲の環境に合わせやすい人になってしまうのです。

また判断の軸が弱くなり、できたり、できなかったりという状態が増えます。

集中力の発揮ということを考えても、「統一・一貫性」の本能を子どものうちから鍛えておくことが大事ですし、それには同じことの繰り返しが大切になります。

もともと子どもは、同じことを繰り返す習性をもっています。小さな子が同じ本を何回も飽きずに繰り返して読み続けたり、ひとつの遊びを延々とやりたがったりするのも、この本能を鍛えているからにほかなりません。

そこで「いつまで同じことをやっているの」「もういい加減にやめなさい」と言われて、途中でやめさせられてきた子は「統一・一貫性」の本能が弱くなります。

この本能が弱い子は、勉強でもスポーツでも、同じことを繰り返す反復練習が苦手で、「いつまで同じ練習をさせるの？」「なんで毎日毎日同じことをしなきゃいけないんですか？」となります。「同じことをするのはムダ」という発想をもっていますから、すぐにくじけたり、できない言い訳を始めたり、三日坊主ですぐに飽きたりといったことになるのです。

解決には、いつもと同じ一定パターンの環境をつくることが必要です。集中力が続かない子には、まず毎日の生活のスケジュールを一定にすることから始めましょう。

「統一・一貫性」は、一定の環境を維持することで鍛えられていきます。ルーティンワークが習慣になっていると、集中力の発揮しやすい子にもなっていきます。

起床時間を一定にする、ご飯の時間も同じにする、勉強開始の時間も同じにするなど、生活を規則正しくすることを大事にしてください。ご飯や勉強開始の時間が日によって違ったり、寝坊を認めたりすると、「統一・一貫性」の本能は崩れていきます。

また、ここも大事な点ですが、お母さんをはじめ、家族みんながそうなっていることも重要です。朝ご飯のときには全員が起きていて一緒に食卓についている、勉強開始時間になったら、「今から教育タイム」と号令をかけてみんなが何かしら勉強をするといった環境をつくるよう心がけましょう。

友だちや家族と何かを一緒にやる

脳は、相手がいることによってより機能する仕組みになっています。これは「仲間になりたい」本能、「違いを認めて共に生きたい」本能があるためです。集中力も相手がいることによって機能します。

「誰かのためになることはうれしい」という貢献の心があると、人のために役立ちたい気持ちが集中力を高めていきますし、「誰かと一緒にやりたい」という気持ちは、集中力の発揮に大切な「同期発火」の力を強めてくれます。

第1章で王選手の集中力のすごさを紹介しましたが、その集中力の源は、二つの強い気持ちが合わさって、強い「同期発火」が脳の中に起こったからです。

大好きなお母さんや友だちと何かを一緒にやることで、子どもの脳には「同期発火」が起こります。それが相手にも伝わり、「同期発火」の仕組みがさらに働きます。

この「同期発火」の機能がついていくことで、王選手のような気持ちと気持ちを重ね合わせて高い集中力を発揮できる脳にしていくことができます。

友だちや仲間と何かをやる、家族一緒に何かをやる、あるいは大好きなお母さんと一緒にやることは、子どもの集中力を高めていくことにもなります。173ページで遊びながら集中力を養うトレーニングを紹介していますので、これをぜひお母さんや家族、友だちと一緒にやってみてください。

「昨日の自分を必ず超える」気持ちを育てる

子どもにできなかったこと、失敗したことを振り返らせて「どこがいけなかったか」を反省させる。こうした反省会をやるほど、子どもは集中力を落としていきます。

反省というのは、できなかった点や悪いところを再確認する行為です。

その時点ですでに後ろ向きの気持ちが働いていますし、再確認することで脳にできなかったことが強く残ってしまいます。気持ちが後ろ向きであるほど、勝負に弱い気持ちを生み出していきますから集中力のレベルが下がるのです。

日本人は概して反省会が大好きですが、子どもの集中力を高めるためにも反省のかたちで失敗を振り返らせることはお勧めできません。

振り返るのであれば、うまくいったところを見て、どうやったらそこをもっと磨けるかを考えていくようにしましょう。勝負に負けたときは、相手が自分たちのどこを超えていたのかを検討して、それを上回るには次どうしたらよいかを話し合っていくことが大事です。

つまり、マイナス点を振り返らないことと、終わったことはその時点で終わりにするということです。

いつまでもそのときのことに引きずられると、「あのときはできたのに、なんでそれができなかったのだろう」という気持ちをもち続けることになります。過去にこだわると、「同じ失敗をしないように」と「自己保存」の本能が働いて、集中力が発揮できないばかりか、才能を伸ばしていくこともできなくなります。

才能の発揮には、「一日一日自分が進化する」という観念をもっていることが必要です。私は「明日は今日の自分を必ず超えていく」ことを毎日自分に課していますが、そうしないと自分を伸ばしていくことはできないと考えているからです。

子どもの才能を伸ばす、高い集中力がもてる子にするには、「昨日の自分を超える」気持ちを育てていくことです。そのためにも、できなかったことに焦点を当てるのではなく、「今何ができているか」「今はどれくらいか」と「今」に焦点を当てて、そこをどう伸ばすか、磨いていくかを子どもと一緒に考えることが大切です。

「次はどうするか」を常に考えられる子にしていきましょう。

マイ・ゾーンのある子ほど集中力が高まる

マイ・ゾーンとは？

この章の最後に、子どもの集中力が高まる、とっておきの方法を紹介しましょう。それは「マイ・ゾーン」をつくって、その中でやる習慣をつけることです。

ゾーンとは「自分が集中できる空間的なテリトリー」を言い、目を開けていても、閉じていても把握できる範囲を指します。

たとえば華麗なドリブルを武器とするサッカーアルゼンチン代表のリオネル・メッシ選手は、足元七〇センチ以内であれば、ボールを見なくても正確に操ることができると言います。

この範囲ならボールを見ることなくさばけるので、敵に囲まれても、敵の動きだけに集中し、相手の足の間を通してボールをスルーさせるといった技が可能なのです。

足元七〇センチがメッシ選手のマイ・ゾーンというわけですね。

一流のスポーツ選手は、どのような競技であっても、ほぼ全員がこのマイ・ゾーンをもっています。スポーツ選手がよく「ゾーンに入ったので、集中して競技ができた」と言いますが、それがまさにマイ・ゾーンです。

勉強であれば、ゾーンの中で集中して取り組むことで集中力がついていき、結果、勉強ができる子になっていきます。どんなに集中力がない子でも、マイ・ゾーンで勉強することで気持ちが切り替わり、集中してやるようになります。

また、ゾーンをつくって、そこで作業をすることを習慣化すると、環境の「統一・一貫性」が保たれます。環境の「統一・一貫性」を保つことは、集中力を高めるひとつの条件となりますので、マイ・ゾーンがつくれる子は、どんな場所、どんな場面に置かれてもゾーンに入ることができて、集中力を発揮できるようになります。

私の場合は、目を閉じて、「この中で」と一回口で言うことで、もうそこがマイ・ゾーンになります。車のボンネットの上で論文を書いたり、勉強する場合も、こうすることでゾーンに入ることができます。

このように、スポーツ選手でなくても、誰でもマイ・ゾーンはつくれるのです。子どもであっても同様です。集中力を高める環境は自分でつくることができますし、小さい子なら親が意識してつくってやってもよいでしょう。

マイ・ゾーンのつくり方

ゾーンのつくり方はむずかしくありません。

子どもの場合は、学校の机と同じ範囲をマイ・ゾーンとして決めてやるのが一番わかりやすいと思います。

子どもたちは毎日、学校の机の上で勉強をしています。テストや試験もそこで解いています。集中して勉強するための「統一・一貫性」ができていますから、学校机と同じ範囲はすでにマイ・ゾーンとなっているはずです。

子どもにリビングテーブルで宿題や勉強させるときは、テーブルの上をきれいにしてから「ここがあなたのテリトリーね」と言って、鉛筆などで囲ってやってもよいと思います。

また、学校の机くらいの小さなテーブルを用意して、そこをマイ・ゾーンにしてやってもよいでしょう。

子どものマイ・ゾーンをつくる際の鉄則はひとつだけです。机の上には勉強に関するもの以外の余計なものは一切置かないこと。リビングテーブルで勉強をする際も、マイ・ゾーンの中は何もない状態にしておきます。

余計なものを一切置かないことで、環境と自分が一体化できるようにしてやるのです。それによって集中して勉強に取り組むことができますし、マイ・ゾーンの中で集中力を発揮するクセが脳の中についていきます。

五分と集中できなかった子も変わる!

章のまとめとして、最後にマイ・ゾーン効果で勉強に集中できるようになっただけでなく、やる気そのものが大きく変わった五年生の男の子のケースを紹介しましょう。

名前は仮にタロウ君としておきます。タロウ君とは「勉強に集中できない子を、集中できる子にする」というテレビ番組の企画で出会いました。

彼のおうちは工務店を経営していて、お兄さんはいるのですが違う仕事に就いており、末っ子のタロウ君が後継ぎ候補でした。そのため「勉強しなくても自分は生きていける」という考えがあって勉強意欲はなし。勉強しても五分ともたない状態でした。

五年生ということもあって立派な勉強机をもっているのですが、その上にはプラモデルをはじめ、なんやらかんやら山のようにグチャグチャのっていて、とても勉強できる状態ではありません。

それとは別に小さなちゃぶ台もあり、普段はそこで勉強しているとのこと。こちらは勉強机よりもう少しマシでしたが、それでも勉強道具のほかに趣味の雑誌、ものがゴチャゴチャ入っている段ボール箱、そして大好きなゲームが置かれています。

タロウ君の様子をしばらく見ていると、お母さんから「勉強しなさい」と言われるまでずっとゲームをやっています。「勉強しなさい」と言われて勉強をし出すのですが、三分ぐらいしかもちません。

勉強でわからないところがあったらしく、お母さんに教えてもらおうとしたところ「今ちょっと手が離せないから後で」と言われたことで、またゲームを始めてしまったのです。「さっきのところわかったの？」と言うお母さんの声に「うん」と言いながらも相変わらずゲームに熱中しています。完全に勉強をやる気がなくなっています。

そこまで見届けてからタロウ君のところに行き、まず最初にこう尋ねました。

「お姉ちゃんとは年が離れているから、君はひとりっ子みたいに大切にされているよね？　君はこの家で一番若いんだよね？」と言うと、「そうです」とうなずきます。

「ということは家族が年をとったとき、君は最後の切り札の男になるね？」。

「同期発火」を使ってそう気持ちを伝えると、タロウ君は「そんなこと考えたこともなかった」という驚きの表情を見せてから、頬を見る間に紅潮させていきました。

続けて「勉強はやっぱりできたほうがいいよね」と言うと、素直に「うん」と返事をしてくれます。そこで、ごほうびは先にもらうと脳が緩むことを話し、「ところでゲームってごほうびだよね」、「はい」、「ということは、ごほうびは勉強の前ではなく、後にしよう。これは約束として決めようか」と本人が納得できるように伝え、タロウ君も「わかりました」と答えてくれました。

さて、勉強をするにはゴチャゴチャの環境をどうにかしなくてはなりません。

「脳はいくつも情報があると集中できないんだよ。だから勉強できる環境をつくろうか？」と言葉をかけ、「まず机の上を整えよう。この段ボールはいらないよね？この折り畳み傘もいらないよね？」と順番に片づけさせていきました。

ところがゲームが大好きというだけあって、ゲームだけはすぐとれるところに置こうとするのです。「ゲームも見えないところに置こうよ。やりたくなっちゃうから」と言うと、嫌そうな雰囲気を漂わせつつも渋々片づけてくれたので、「すごい！よくやった！」とほめて、次に「ちょっと目を閉じて、わかる範囲を指で机に書いてみよう」とマイ・ゾーンを決めてもらいました。

次に、勉強に入る前に自分の名前を書いてもらったのですが、それが結構きれいな字です。「字もしっかりしているし、君が本気を出したらすごい子だね。きっと腕のいい大工になると思うよ」とそこでもほめてから、「じゃあこの範囲で勉強しよう」とマイ・ゾーンの中で勉強を始めてもらいました。

机にはノートと鉛筆しかありません。ゲームも片づけたので、勉強せざるを得ない状況です。

そうした状況にしておいて、最初に漢字のテストをやってもらいました。続けて算数の宿題をやってもらったのですが、三分と勉強が続かなかったタロウ君が一時間近くも集中して勉強し続けたのです。

さらに、私が帰るために玄関に向かうと、その後を急いで追いかけてきて、「先生、ボク勉強します！」と真っ直《す》ぐに顔を向けて言ってくれたのです。

勉強へのやる気がまったくなかったタロウ君は、一時間近くも集中して勉強できたことで「自分にもできるんだ」という自信と達成感と喜びを味わい、集中して取り組むことのおもしろさも実感してくれたに違いありません。すっかりやる気まんまんに変わり、お母さんも目を丸くして「すごい！」と驚いていました。

子どもは、勉強のための環境を整えてやり、尊敬してほめてやれば、それだけで見る間に変わります。五年生のタロウ君のように、思春期間近で親への反抗期に入っていく時期の子であっても、自らやる気をもって集中して取り組む子になっていきます。

子どもの〝変われる〟力を信じて、ぜひ集中力の発揮できる子へと育てていってください。

ワーク　視覚・聴覚から集中力を養うトレーニング

このワークでは、視覚と聴覚の力を育みつつ、遊びながら集中力が鍛えられるトレーニングを紹介します。集中力は相手がいることでより鍛えられていきますから、友だちや家族と一緒にやってみてください。

■手を叩いて方向・距離・回数を当てる遊び

立っている人の後ろから手を叩いて、どの方向、どの距離から手を叩いているか当てっこします。数人で手を叩いて、叩いた人数を当てさせたり、回数を当てさせたりするのもよいでしょう。

■音の聞き分けゲーム

人数がたくさんいるときは、チームに分けて音を聞き分けるゲームもできます。片方が円陣を組み、もう片方のチームは後ろから、いろいろな音を同時に聞かせます。タンバリンやピアノなど楽器を使ってもいいですし、机を叩く、ペットボトルを打ち合わせるなど、手近なもので音を出してもいいでしょう。円陣を組んだほうのチームは、どんな音が聞こえたかを挙げていきます。

■ストーリーを聞いて絵にする

聞いた話を絵に起こしていきます。「おじいさんの後ろに犬、犬の後ろに猫がくっついて、大きなカブを抜こうとしています」など、絵本の一場面を使ってもいいでしょう。話を集中して聞くことで、耳で聞く力も鍛えられていきます。誰が正確に絵にできたかを競争するのもよいですね。

■見たものを正確にスケッチする

色鉛筆などを使って、花を三輪置いて細部まで丁寧に描く、車のオモチャをドアの取手までおろそかにせず絵にするなど、身近なものを観察してスケッチします。細かな部分まで漏らさず描こうとすることで、集中力が鍛えられます。

第5章

緊張したときでも
集中力を落とさないワザ

緊張は集中力にとっての「悪者」？

緊張の正体は二つの気持ちのせめぎ合い

大事な試合や入学試験、コンクール、発表会などでは誰もが緊張を覚えます。なかには緊張のあまり、体が思うように動かなかったり、頭の中が真っ白になってしまったりして、よい結果を残せなかったりすることもあります。

私はスポーツ選手からの相談を受ける機会が多いのですが、「本番で緊張しないためにはどうしたらよいですか？」「緊張ではなく、集中できるようにするにはどうしたらよいのでしょうか？」といった質問もたくさんあります。

同じように、学生たちからも「大事なテストや試験で緊張してしまい、問題に集中できません。脳の仕組みを使って解決できる方法はないですか？」といった相談がしばしば寄せられます。

緊張は、多くの人にとって、集中力の発揮において足を引っ張る要因となっているのですね。

けれども、ある程度の緊張感がなければ、本番で力を発揮することができないのもまた事実です。心身がゆるゆるに緩んでいる状態では、人間はもてる能力を発揮することはできないからです。

本番で緊張せずに集中力が発揮できるようになるには、緊張をなくすのではなく、コントロールすることが大切になります。そのためにも、まずは緊張とは何かを知っておきましょう。

緊張してしまうのには理由があります。本番で人に勝つ、人に負けるというのは、そもそも「仲間になりたい」本能と矛盾します。また「負けたくない」と思うと、自分を守りたい「自己保存」の本能が頭をもたげてきます。

試合で緊張するのは、「勝ちたい」という前向きの気持ちと、「負けたらどうしようか」という後ろ向きの気持ちが同時に起きることで、「仲間になりたい」本能と「自己保存」の本能にギャップが生じるためです。

こうした状況が起こると、人間は「自己保存」の本能に従って、その状況を克服するために体の能力を高めようとします。

具体的には、自律神経の交感神経が優位となり、カテコールアミンの血中放出も増え心臓が活発に動いて脈が速くなり、血の流れがよくなります。呼吸器も活性化されて、酸素をたくさん取り込もうとします。そのようにして全身に十分な酸素が送り込まれるようになります。

またカテコールアミンのなかのアドレナリンがインシュリンの効きを抑えることで、運動のエネルギー源となる血糖値も上昇し、あらゆる体の動きにも対応できるようにします。

このように自分を守ろうとする本能の気持ちが高まることで、運動能力を高めようとする体の働きが活発になる――。これが「緊張」の正体です。

言うなれば、「ここぞ」というときに体の機能を最大限に引き出すための仕組みですから、「緊張」自体は悪いことではありません。

ところが、緊張が「適度」ではなく、「過度」になってしまうと問題が生じてしまいます。

交感神経が過剰に刺激されるとカテコールアミンの中のノルアドレナリンも血中に

放出されます。ノルアドレナリンには筋肉を収縮させる作用があるため、緊張が高まれば高まるほど視床下部の中の自律神経が刺激されて、血中のノルアドレナリン濃度が上がり、筋肉が硬くなります。

筋肉というのは収縮と弛緩《しかん》という二つのバランスで成り立っていますが、緊張が過度になるとカテコラミンの作用で収縮と弛緩のバランスが崩れ、収縮に傾いてしまいます。そのため筋肉がうまく機能しなくなり、声や手足が震えて力が発揮できないといったことにつながってしまうわけです。

過度に緊張すると、本番で力が発揮できなくなるのは、このようなメカニズムがあるからなのです。

適度な緊張は集中力を高めてくれる

本番で集中力を発揮し、もてる能力を最大限に引き出すうえで、緊張は確かにマイナスとなってしまいます。しかし、まったく緊張感がないのも、それはそれで集中力に影響します。

緊張と集中力の関係では、緊張はし過ぎてはいけないし、かといってリラックスし過ぎて緊張しないのもよくないといえるのです。皆さんも、ダラ～と緩んでいるときは、集中して何かに取り組むことなどできないのではないでしょうか？　適度な緊張があってこそ、「やってやろう！」の気持ちが生まれて集中力も研ぎ澄まされます。

そう考えると、緊張を解こうと、本番の場面で「リラックスしなさい」「平常心でやりなさい」と子どもに指示するのは実は適切ではないのですね。むしろ、リラックスすれば気持ちもだらけて、集中力の発揮を妨げてしまうことにつながります。

普段から、人の追随を許さないというぐらいの強い気持ちで、ものすごく練習をしたり勉強したりしている人が「平常心」でいられれば鬼に金棒です。勝負で勝てないわけがありません。

けれども、あまり自分を鍛えていない人が本番で「平常心」になっても勝負には勝てません。リラックスして平常心でやろうとすれば、心身がゆるゆるとなって集中力も発揮できず、結局よい結果を生むことにはならないのです。

集中力は適度な緊張があるからこそ発揮できます。そういう意味で緊張状態は悪いことではないのです。

勝負の場面で緊張しないためには

「仲間になりたい」本能を活用しよう

本番で集中力を落とさず、また過度に緊張することなく力を発揮するには、本能の力を上手に借りることがポイントです。

勝負の場面で人と争って勝ち負けをつけることは、先天的な本能である「仲間になりたい」本能と矛盾するものだと前述しました。「周りはみんなライバルだ」「あいつは敵だ」と考え、相手を打ち負かさなくてはと思うと、「仲間になりたい」本能に反することになって、過度の緊張や気持ちの迷いが生まれやすくなります。

一方で、「仲間になりたい」本能は本番での力の発揮に活用することもできるのです。そのポイントは、戦う相手を「ライバル」「敵」と考えず、「自分を高めてくれる尊敬すべき仲間」や「自分が力を発揮するためのツール」と考えることです。

北京オリンピック前、北島康介選手たちに私は「強力なライバルをライバルと思わないように」とアドバイスを送りました。よい記録が出るのは競い合う仲間がいてこそ。だからライバルに対しては、自分が力を出すための大切な仲間であり、自分が記録を出すためのツールと考えるように、と伝えたのです。

そう考えることで、脳の本能に逆らうことなく、自分の泳ぎに全力投球できるようになります。覚えておられる方もいるかと思いますが、北島選手は、北京オリンピック平泳ぎ一〇〇メートル・二〇〇メートル共に金メダルを獲得し、なおかつ新記録まで樹立しました。

また、勝負そのものを「闘い」ではなく、「自分を高めるチャンス」「自分の力量を試すチャンス」と捉えることも、本番でもてる力を発揮するための秘訣です。

このように考えると、勝負することが楽しくなります。勝ち負けの結果ではなく、「どう勝つか」という勝ち方にこだわれるようにもなります。

それによって「負けたらどうしよう」「負けたくない」といった気持ちから離れられて、「自己保存」の本能が過剰に反応し、過度に緊張してしまう現象も避けることができるようになります。

「頑張れ！」「あーぁ！」は逆効果

大事な本番にのぞむ子どもには、「とにかく頑張れ！」「気合いで負けるな」といった励ましの言葉をかけたくなるものです。もちろん、親の愛情から出ている言葉なのですが、こうした励ましは実は二面性があって、言った人と共に戦っている場合は効果がありますが、そうでない一人で戦っている場合は逆効果となってしまいます。

そもそも脳は「具体的に何を頑張るのか」が目標として明確になっていないと機能しない仕組みになっています。「頑張れ」や「気合いだ」といった精神論的な励ましの言葉をかけられても、何に向かってどう頑張るのかが具体的でないと自己報酬神経群は刺激されず、「よし、やってやろう！」の気持ちはもてません。

場合によっては「言われなくたってわかってるよ」となったり、「負けたらどうしよう」「失敗したらどうしよう」の気持ちをさらに強めてしまったりしかねないのです。そうなると、ますます自己報酬神経群の働きを弱め、「自己保存」の本能が強く働くようになって緊張が高まってしまいます。

とくに、スポーツの試合の場面では試合の展開に周りが一喜一憂しがちです。一喜はまだしもなのですが、失敗したときの「あーぁ」や「ああ〜」はよくありません。こうした声には否定のニュアンスが含まれていますから、本人の集中は切れてしまい、モチベーションを下げて勝負に勝てない状況をつくり出すだけです。

「あと○分だから頑張れ」や「あと○キロだぞ！」という応援の仕方も、脳の仕組みからすると、必ずしもよいものとはいえません。

「あと○○」という言い方は、無意識に集中力を緩めてしまう五つの大敵のひとつです。こう言われると、本人の中に「あと少しで……」のゴールを意識する気持ちが芽生え、とたんに集中力が落ちてかえって頑張れなくなってしまうのです。

本番で力が発揮できるようにしてやりたい、緊張し過ぎないようにしてやりたいという場合は、

「残り五分になったら一気にラストスパートをかけるんだよ」

「ぶっちぎりの勝ち方をしてきなさい」

「結果は意識せず、その場でやるべきことに集中しろ」

「みんなを感動させるような試合（発表・演奏）をしなさい」

など、自己報酬神経群が「よし！　やってやろう！」と刺激される言葉かけで励ま

しや応援をしてあげるとよいでしょう。

普段から「本番」の気持ちで取り組むこと

緊張せず、集中して本番にのぞむためのワザとして、最後に紹介しておきたいのが、「統一・一貫性」の本能を活用することです。

大試合やコンクール、受験本番で緊張して実力が発揮できない理由には、試合会場や試験会場を「いつもと違う特別な場所」と意識してしまうことがあります。いつもの場所と違うという意識をもってしまうだけで、脳の「環境の統一・一貫性」は崩れ、気持ちが萎縮して本番であがってしまい、力を発揮することができなくなります。

それを避けるには、脳の仕組みを逆手にとって活用してしまえばよいのです。

その方法としては二つあります。

ひとつは、事前に会場の下見をしておくこと。試合当日、コンクール当日、受験当日に会場を「特別な場所」と意識しないためにも下見は効果的です。

可能であれば、中に入ってグラウンドや教室に立ってみたり、ベンチや席に座ってみたり、トイレを使ってみたり、できるだけ自分にとって馴染《なじ》みのある場所にしておくとよいと思います。

もうひとつは、普段から「本番」と同じ気持ちで取り組むことです。

受験であれば、いつもの教室で、いつもの席に座って授業を受けるときも、試験会場で試験を受けるのと同じ気持ちでのぞむということです。

授業は授業、試験は試験という考えでいると、状況が変わることで気持ちも変わってしまいます。その結果、あがってしまって集中できず、力が発揮できないで終わってしまうことになりますから、日頃から「環境の統一・一貫性」をつくっておくのです。毎回の授業でなくとも、気がついたときにときどきやってみるだけで違います。

スポーツなども同様です。仲間同士でのゲーム練習から本番と同じ気持ちで取り組む、普段の練習から舞台に上がったつもりで取り組む。これをすることで「環境の統一・一貫性」がつくられ、本番でも動揺することなく、いつもと同じパフォーマンスが発揮できるようになるでしょう。

ワーク　本番で緊張と集中力のバランスをとるワザ

■息を長く吐き出す

緊張とリラックスに関係してくるのが、交感神経と副交感神経という二つの「自律神経」です。自律神経は自分の意思ではコントロールできません。ですから緊張状態を自分でコントロールすることは基本的に不可能です。

ところが、ひとつだけ間接的にコントロールできる方法があります。呼吸です。呼吸は自分で変えることができますから、これを介して交感神経と副交感神経のバランスをとることで、過度に緊張した状態を取り除くことができます。

呼吸法を知っておけば、本番での緊張状態の緩和に役立つでしょう。

やり方はいたって簡単です。息を吸うときは交感神経、吐くときは副交感神経の働きが高まります。緊張というのは交感神経が優位になっている状態です。したがって、次のように息を吐いて副交感神経を働かせていくようにします。

①ハ〜ッと長くゆっくり息を吐き出していく

②吐くときにお腹《なか》も一緒に締めていく

これを行なうと、緊張状態が緩和されるだけでなく、体の軸がきちっと整って運動能力も発揮できるようになります。

■その場から一度離れる

緊張状態を緩和させるもうひとつの方法が「環境の統一・一貫性」を外すことです。要は、緊張し過ぎたときは、その場から一度離れてしまうのです。

これは緊張を引き起こしている環境から離れることで、ネガティブに働き出した「統一・一貫性」の本能をリセットしてやるということです。「環境の統一・一貫性」は、よい状態のときは保つようにし、悪い状態のときは外すようにすることがポイントです。

試験会場ですごく緊張してしまったなら試験を受ける部屋から一度出る、試合前に緊張状態がとれないときは逆立ちをしたり、グルッと回ってみたりする。このような緊張状態のほぐし方を子どもにも教えておくとよいでしょう。

あとがきに代えて　お母さんは子育てのプロフェッサーになろう

本書では、「集中力」をテーマに、「文武両脳」の才能をもつ子に育てていくための方法をいろいろとお伝えしてきました。ここまでお読みになって、「私にできるかしら」「やっぱり大変そう」と感じていらっしゃる方もいるかもしれません。

確かに、書かれていることをすべてやろうとすると、お母さんにはずいぶんとがんばってもらわなくてはならないことがいっぱいあります。

けれども「私にはムリ」と弱気になってしまう前に、もう一度考えてみてください。

この本を手にとっていただいたということは、きっと皆さんの中に「子どもにはこうなってほしい」「こういう大人に育ってほしい」という、願いと言い換えてもよい思いがあるからではないかと思います。

その思いがあれば、お母さんの力でわが子を素晴らしい子に育てていくことが必ずできます。まずは、そのことを忘れないでいていただきたいと思います。

私は、日本の将来を背負って立つ子どもたちのひとりでも多くが、脳のもつ力を最大限に使って、素晴らしい才能を発揮できる人になってほしいと思っています。また、そうした人になる力を、どの子ももっていると確信しています。

高い人間性と能力を兼ね備えた〝超一流の人〟になっていける潜在的な力をどの子ももっているのです。

脳の力を育み、子どもがもつ能力を伸ばして、人間的成長も促していくには親の力が欠かせません。とくにお母さんの存在は重要です。

子どもの脳は、胎児の時代から発達を始めます。お母さんのお腹の中で、お母さんの体内の音を聞きながら子どもは脳を育てていきます。この世に誕生した後も、お母さんの愛情を受けつつ、お母さんとの関わりを通じて子どもは外界を知っていきます。

ある意味、母子は一心同体のような関係にあります。脳科学の見地から言っても、子どもの脳を育て、集中力のある子に育てていく役割は、お母さんにしかできないことなのです。

ですから、本書で触れてきた「脳の仕組み」「集中力をはじめとする才能発揮のための育脳の方法」をぜひとも日々の子育てに生かし、「子どもを高い人間性と能力を兼ね備えた人にしていくのは私の役割、私の使命」という気持ちで、自信をもって子育てをしていただきたいと思います。

自分を基準に子育てをしない

これまでも本文の中で繰り返してきましたが、脳は一方的に教え諭す「教育」だけでは育っていきません。

「親である自分はここができていない、自分にはここが足りない。だからせめて子どもだけはそうならないように」との発想で子どもを教育しても、そこに「自分も子どもと共にやる」という親自身の姿勢がなければ、残念ながら子どもは伸びていかないのです。

お母さんが「教育」でしか子育てを考えていないと、自分を基準に「あれはいけない」「これはいけない」と叱ることが増えます。自分はできていないけれど、子どもには「やりなさい」と指示することが増えます。親の立場や面子《メンツ》から「つべこべ言わないでやりなさい」「言われた通りにしなさい」と抑え込むことにもなります。

つまりは、脳ががんばれない環境を親がつくってしまうことになります。ですからお母さんは、自分を基準にして子どもを育ててはいけないのです。

脳は相手がいることで機能する、「共育」で育つ仕組みとなっていますから、親のほうも「共に育つ」のこころでいることが大事です。

子どもを尊敬し、苦しくても、「子どもと一緒に考え、一緒に悩むことによって親も立派になる」という考えをもつようにしてみてください。「この子がいるから私も成長できる」と思えば、子どもを大切な存在と意識し、尊敬することができます。

「この子は自分で育っていく力がある」を前提に、「自分もこの子と一緒に駆け上がっていく」と考えながら育てていくことが、わが子を素晴らしい子にする秘訣です。

ときに親子の立場を変えてみる

それでも子どもがなかなか言うことを聞いてくれない、どうしても「ああしなさい」「こうしなさい」が出てしまうというときは、「今日はお母さんは子どもね。あなたは私のお母さんよ」と立場を変えてみるのもひとつです。

「お母さん、これはどうしたらいいと思う?」「お母さんにこうしてもらわないと、子どもの私は困っちゃうんだけれど」と言われれば、頼りにされた子どもは張り切って動いてくれるようになります。

「今週は、お母さんはあなたの秘書。あなたは私の社長です」と宣言してしまうのもよいでしょう。

「社長、この件は明日が期限ですけれど、いかがなさいますか?」「この件は残念ながら秘書は関知しないことになっております。ですので、ご決断をお願いいたします」「秘書としては、このような方法も用意できますが、もっとよいやり方を考えていただければそれに従います」と尊敬口調で言えば、喜んで自分から考えたり、決断したり、動いたりするようになるはずです。

こうしたやり方で、「ああしなさい」「こうしなさい」から脱し、子どものやる気や意欲、能力を引き出すことに成功したお母さんもいます。

子どもはおもしろいことが大好きです。脳も、楽しく、前向きなことを喜びます。

その特性を大いに活用して、お母さん自身も楽しく、おもしろがりながら、脳が喜ぶ子育てで子どもの力を伸ばしていきましょう。

今は「仮の姿」、子どもは伸びていくもの

日々、子どもと向き合っているお母さんにしてみると、目の前の子どもの姿、成長の度合いに一喜一憂してしまうこともあるかと思います。ともすれば「勉強ができない」「集中力がない」「飽きっぽい」「言われてもやらない」など、欠点ばかりが目についてしまうかもしれません。

でも、忘れないでください。今現在の子どもの姿は発展途上の仮の姿なのです。できないことがあっても、失敗が多くても、この先どのようにも伸びていけるのが子どもという存在です。

その可能性と子どもの力を信じて、何かに失敗したり、つまずいたりしたとき、そこで腐らずに「ここから自分は伸びてやる」「自分の力でやってやる」という考えをもち続けられる子にしていってあげてほしいと思います。

そのためには先生やお母さんの役割がとても重要になります。くじけそうになったときに、先生やお母さんがどのような言葉をかけてくれたかは、子どもの力の源となります。

「あなたはお母さんの自慢の子。絶対やれる子だと思っている」「今はダメでも、あなたは最後はすごい子になる」

そのひと言で子どもは力が出るのです。「最後はやる子だ」と言われれば、「絶対やらなきゃいけない」「やってやる」と気持ちも上がっていき、素直な心で全力投球できるのが子どもなのです。

ティーチャーではなくプロフェッサーを目指そう

わが子を集中力の高い「文武両脳」の子にするためにも、皆さんには「ティーチャー」ではなく、「プロフェッサー」を目指していただきたいと思います。

「プロフェッサー」とは、「プロフェスする」という哲学用語が元になっています。「プロフェスする」とは、目の前の条件に目を奪われることなく、先を見通して、そこに向かって確実に物事を遂行し、成し遂げていくことを言います。

「ティーチャー」が、ただ単に「物事を教える人」であるのに対して、「プロフェッサー」は、先を見通す力と成し遂げる力の両方をもっている人を指しています。

「プロフェッサー」であることを心がけて子どもと向き合えば、目先のどうのこうのではなく、わが子はどういう子かを見抜いて、どうすれば子どもが育つかも見えてきます。「ここで口うるさく言うのはやめて、とにかく見守ろう」「今は好きなことに熱中しているから、このままやらせておこう」と、子どもの将来につながる力を育てていけるようにもなるでしょう。

お母さん方には「自分は子育てのプロフェッショナル」という概念をもち続けてほしいと思います。社会全体が目の前の結果を重視する成果主義に染まっている現代だからこそ、ぜひとも子育てのプロとして、自分の損得や勝ち負けを重視する人ではなく、自らの才能を発揮して社会で活躍し、貢献の心をもって豊かな人生を切り開いていける人にお子さんを育てていってください。

私は、どのお母さんも、それができる力をもっていると信じています。

林　成之

■参考文献

『ゾーンと海馬があなたを強くする／困難に打ち克つ「脳とこころ」の法則』 林成之（祥伝社）
『世界的脳外科医・林成之先生の「文武両脳」の育て方』 林成之（小学館）
『子どもの才能は3歳、7歳、10歳で決まる！ 脳を鍛える10の方法』 林成之（幻冬舎）
『脳に悪い7つの習慣』 林成之（幻冬舎）
『解決する脳の力 無理難題の解決原理と80の方法』 林成之（角川書店）
『何歳になっても脳は進化する！』 林成之（三笠書房）

《著者紹介》

林　成之（はやし・なりゆき）

1939年、富山県生まれ。日本大学医学部、同大学院医学研究科博士課程修了後、マイアミ大学医学部脳神経外科、同大学救命救急センターに留学。1993年、日本大学医学部附属板橋病院救命救急センター部長に就任する。日本大学医学部教授、マイアミ大学脳神経外科生涯臨床教授を経て、2006年、日本大学大学院総合科学研究科教授。2008年の北京オリンピックの日本代表競泳チームや2012年のロンドンオリンピックの数々の代表チームにアドバイスを行ない、金メダルに導くなど、大きく貢献。

著書に『脳に悪い7つの習慣』『子どもの才能は3歳、7歳、10歳で決まる！』（共に幻冬舎新書）、『望みをかなえる脳』（サンマーク出版）『〈勝負脳〉の鍛え方』（講談社現代新書）など多数。

装幀　bluestone 村田 隆
装画・本文イラスト　ばばめぐみ
本文デザイン・組版　朝日メディアインターナショナル株式会社
執筆協力　八木沢 由香

ちゃんと集中できる子の脳は10歳までに決まる

2015年７月17日　第１版第１刷発行
2016年７月26日　第１版第８刷発行

著　者　林　成之
発行者　安藤　卓
発行所　株式会社ＰＨＰ研究所
京都本部　〒601-8411　京都市南区西九条北ノ内町11
〈内容のお問い合わせは〉　教育出版部　☎075-681-8732
〈購入のお問い合わせは〉　普及グループ　☎075-681-8818
印刷所　凸版印刷株式会社

ISBN978-4-569-82456-7